Kontaktadresse nach EU-Produktsicherheitsverordnung:
produktsicherheit@droemer-knaur.de

KNAUR.LEBEN

Über die Autorin:
Becki Rabin ist eine britische Business-Mentorin, Empowerment-Coachin und Gründerin von GETLIT Inc. – einer Plattform für persönliche Entwicklung. Sie ist eine Vorreiterin im Bereich der Selbstentwicklung und hat es sich zur Aufgabe gemacht, Frauen dabei zu helfen, ihre Macht zu besitzen und ihr volles Potenzial auszuschöpfen. Mit zehn Jahren Erfahrung in der Wellness- und Coaching-Branche hat sie Tausende von Einzelpersonen und Marken durch Mentoring, Coaching und Beratung betreut.
https://www.getlitinc.co.uk/

BECKI RABIN

Die Kraft des Manifestierens

Dein persönlicher
Wunscherfüllungs-Coach
für den Alltag

Aus dem Englischen
von Diane von Weltzien

KNAUR.LEBEN

First published as YOU ARE POWERFUL in 2021 by Pop Press,
an imprint of Ebury Publishing. Ebury Publishing is part of
the Penguin Random House group of companies.

Besuchen Sie uns im Internet:
www.knaur-leben.de

Deutsche Erstausgabe Oktober 2022
Knaur.Leben Taschenbuch

Redaktion: Ariane Novel
Covergestaltung: Kristin Pang
Coverabbildung: Arelix/Shutterstock.com
Satz: Adobe InDesign im Verlag
Printed in Germany
ISBN 978-3-426-87932-0

2 4 5 3

Inhalt

Einführung in die Macht des Manifestierens

Du bist mächtig, meine Liebe …

Wenn ich behauptete, dass es eine strahlendere Version von dir gibt, würdest du mir glauben? Eine, die selbstbewusst, glücklich und erfüllt ist und sich absolut alles zutraut? Nein, lass es mich anders ausdrücken: Eine, die alles *verdient?* Was wäre, wenn ich dir sagen würde, dass es für dich ein Leben gibt, in dem du all die fabelhaften Dinge tun könntest, die du dir wünschst?

Vielleicht glaubst du noch nicht daran, dass du die von dir erträumte Realität erschaffen kannst, doch es ist wahr, dass du tatsächlich unglaublich mächtig bist. Mächtiger, als dir bewusst ist. Und was ist das Beste daran? Nach dieser Macht musst du nicht dein Leben lang suchen, und du brauchst sie auch nicht zu erkämpfen. Sie ist nicht weit von dir entfernt oder nur für wenige Auserwählte zugänglich. Deine Macht ist schon da, tief in dir verborgen. Du musst nichts weiter tun, als die Spinnweben zu entfernen und das Licht wieder einzuschalten, damit du deine natürliche innere Macht verströmen, hell strahlen und in Anspruch nehmen kannst, was du vom Leben willst. Du bist die Künstlerin, die das Bild von deinem Leben malt. Du selbst erschaffst alles, was du in deiner Welt erlebst, empfindest, hast und besitzt.

ETWAS VERWIRKLICHEN

Um die Wahrheit zu sagen, die ganze Angelegenheit mit der Selbsthilfe war nie mein Ding. Es kam mir alles übertrieben vor, dass wir so unglaublich mächtig sein sollen und dass da draußen etwas existiert, das größer ist als wir alle. Alles rund um das Manifestieren erschien mir doch weit hergeholt und verwirrend. Die Vorstellung, die Macht zu haben, das anzuziehen, was ich wollte, kam mir vor wie etwas, wovon man nur in Büchern liest. Natürlich fand ich das Konzept in der Theorie großartig, aber wie zur Hölle sollte man es umsetzen? Braucht man nur die Augen zu schließen und es sich vorzustellen und zack, ist es da? Spricht man den einen Satz aus, und das war's – schon gelangt man durch die Tür eines geheimnisvollen Schrankes nach Narnia, wo man reicher, hübscher, glücklicher und erfolgreicher ist?

Vielleicht geht es dir auch so wie mir damals und du hast Mühe damit, an das Konzept des Manifestierens zu glauben. Oder du hörst diese innere Stimme, die dir sagt, dass du leider keinen Zugang zu dieser Tür hast und dass sie nur für besondere Menschen mit Superkräften und für die super Spiris in Yoga-Retreats offen steht. Wenn du jetzt so darüber nachdenkst, dann fällt dir vielleicht auf, dass dir die gleiche Stimme oft genau das sagt, dass irgendetwas nichts für dich ist, und dich bereits in die Schranken weist, wenn du nur daran *denkst*, aufzustehen und zu glänzen.

Hey, damit bist du nicht alleine: Ich kenne diese innere Stimme auch. Ich habe ihr den Namen Selbstsabotage-Susanne gegeben, aber du kannst sie nennen, wie du willst. Jahrelang hat sie mein Leben beherrscht, hat mich kleingehalten, für meine »Sicherheit« gesorgt, mich stets von Neuem in Situationen gebracht, in denen ich mich schlecht, beschämt, schuldig und unwürdig gefühlt habe. Sie hat mich immer wieder davon überzeugt, dass für mich kein großartigeres, erfüllenderes Leben vorgesehen war. Dass Manifestieren nicht für mich vorgesehen war.

Aber eins will ich dir sagen: Dein Traumleben zu manifestieren ist hundertprozentig für dich vorgesehen! Ich bin fest davon überzeugt, dass wir alle über eine Macht verfügen, die uns attraktiv und lebendig macht, wenn wir uns mit ihr verbinden, sie anerkennen und annehmen. Andere Menschen suchen unsere Nähe; Gutes wird von uns angezogen, und wir verwandeln uns zu Magneten all der guten Dinge, die das Leben im Angebot hat. Wenn wir unsere Macht akzeptieren und anerkennen, dann fühlen wir uns großartig, selbstsicher, fähig und eines guten Lebens wert. Die Dinge scheinen sich immer zu unserem Vorteil zu entwickeln, und wir bekommen, was wir wollen. Sind wir jedoch nicht mit unserer Macht verbunden, dann fühlen wir uns gestresst, besorgt, ängstlich und ungenügend. Wir haben wenig Energie, unsere Lichter sind erloschen – es fühlt sich so an, als sei niemand zu Hause und die Welt gegen uns.

Ich bin hier, um dir zu helfen, alle diese Lektionen, in denen du gelernt hast, dass du machtlos, unfähig, unwürdig und gewöhnlich bist, wieder zu verlernen. Und ich will dich darin unterstützen, dich mit deiner Macht zu verbinden und dein Manifestieren zu beschleunigen. Sieh mal, alles, was mein Leben jetzt ausmacht, habe ich manifestiert. Sogar schon bevor ich erkannte, dass ich es manifestierte. Große Dinge wie etwa wo und wie ich wohnte, mein Auto und meine Arbeit, aber auch kleine wie meinen Tagesablauf und meine Begegnungen mit Menschen – all das habe ich manifestiert. Als ich endlich die ganzen Ausreden, Ablenkungen und meine Verwirrung überwand und herausfand, wie mächtig Manifestieren sein kann, entschloss ich mich, mein Leben so zu führen, dass ich wirklich Großartiges verwirklichen kann.

Wenn du auf die atemberaubendste Weise manifestieren und nichts als Gutes in deine Realität ziehen willst, dann musst du zuerst einmal aus den Tiefen deiner Selbstzweifel, Angst, Sorge und Wut auftauchen. Es ist notwendig, dass du dich von altem, konditioniertem Denken und von den Mustern und Vorstellungen befreist, die deinen Fokus auf das gerichtet halten, was du in deinem Leben *nicht* hast. Du sollst die Verantwortung dafür übernehmen, selbst deine Energie ganz nach oben, hinauf zu deiner höchsten, strahlendsten Konfiguration zu befördern, denn auf dieser Ebene bist du zufrieden, glücklich und dankbar für alles das, was du in deinem Leben bereits hast.

Manifestieren zu lernen ist nichts Heiliges oder Geheimnisvolles. Um erfolgreich zu manifestieren, muss man auf eine spezielle Weise und eine bestimmte Version von sich selbst leben – ich will dir auf den Seiten dieses Buches helfen, diese Version für dich zu erobern. Das Wissen, das ich hier mit dir teile, hat meine Realität verändert. Als ich zu dieser für mich neuen Einstellung fand, erschuf ich ein Leben, das sich, um ehrlich zu sein, verdammt gut anfühlt. Es stimmt, ich bin mit Herausforderungen konfrontiert. Es ist wahr, ich stelle mich selbst noch immer infrage. Aber ich weiß, wie ich einen anderen Weg wählen und wachsen kann. Ich habe es gelernt, meine Macht auf eine Weise zu nutzen, die mir positive Gefühle beschert und mein Leben um Gutes bereichert – um Dinge, von denen ich seit meiner Kindheit träumte, wie etwa davon, dieses Buch zu schreiben.

Die Prinzipien, die diesem Buch zugrunde liegen, habe ich in meinen Jahren als Coach kennengelernt, als ich mit Tausenden Frauen zusammenarbeitete und selbst auf der Suche war. Ihnen verdanke ich es, dass ich aus den Tiefen der Depression an einen Ort gelangte, den zu erreichen ich mir kaum vorstellen konnte. Als ich die Spinnweben entfernte und meine Macht im Inneren entdeckte, veränderte sich alles. Ich steckte nicht mehr bis zu den Knien in Selbsthass, Unsicherheit und Ängsten fest, erlebte plötzlich einen Alltag voller Freude, Begeisterung und Klarheit. Ich hatte geglaubt, das Leben sei gegen mich, und nun sprang ich praktisch jeden Morgen voller Vorfreude aus dem Bett. Zwar durchschaue ich nicht alles und jeden (wer tut das schon?), aber glaub mir, wenn es mir gelingt, dann dir auch.

Im ersten Teil dieses Buches vermittle ich dir das Grundverständnis für das Wie und Warum des Manifestierens und das notwendige Wissen, damit du deine Reise zum Manifestieren antreten kannst. Im zweiten Teil erkläre ich dir die zehn Grundregeln des Manifestierens in Verbindung mit einfachen Übungen, die dir helfen, jede einzelne von ihnen in die Praxis umzusetzen. Diese Prinzipien hätte ich selbst als junges Mädchen nur allzu gerne gekannt. Manche der Übungen verlangen von dir, neue Rituale oder Lebensweisen zu entwickeln. Wenn dir auf den nachfolgenden Seiten Fragen gestellt werden, dann möchtest du deine Antworten vielleicht in einem neuen Journal festhalten, das funkelt und glitzert.

Was auch immer dich veranlasst hat, zu diesem Buch zu greifen, ob es dein innerer Kritiker war oder das Drängen einer Freundin oder du einen Reminder dafür brauchst, wie stark du bist, glaube mir, dass du nicht ohne Grund an diesem Punkt angelangt bist und diesen Ratgeber jetzt lesen sollst. Ich wünsche mir von Herzen, dass die nachfolgenden Prinzipien dir Klarheit und Kraft verleihen, damit du dich zu deinem höheren Selbst und zu deinem höchsten Potenzial hinaufschwingen kannst und für alles, was du dir für dein Leben wünschst, superattraktiv wirst.

Du hast die Möglichkeit, dieses Buch von vorne bis hinten durchzulesen oder dir das herauszusuchen, was dich am schnellsten daran erinnert, wie verdammt mächtig du bist. Ich werde immer für dich da sein, um dich wachzurütteln und dich von der Seitenlinie anzufeuern. Du, meine Liebe, verfügst über grenzenlose Macht. Bitte lies diese Seiten so lange immer wieder, bis du selbst es glaubst und weißt. Die Welt braucht dein Licht.

Was bedeutet Manifestieren?

Wenn du dich gut fühlst, geschehen gute Dinge

Wird heutzutage über Manifestieren gesprochen, dann ist damit gemeint, die eigene Realität zu erschaffen und all das wie ein Magnet anzuziehen, was wir in unserem Leben empfinden, besitzen und erleben wollen. Um es kurz zu machen: Deine Manifestierungsfähigkeit resultiert aus der Energie, die du mit deinen Glaubenssätzen, Handlungen und Gedanken hervorbringst. All die wunderbaren Dinge zu manifestieren, die du dir von deinem Leben wünschst, bedeutet für mich, dass du zu der leuchtendsten Version deiner selbst werden musst. Wenn du dein volles Potenzial erreichst und es dir gelingt, dich gut zu fühlen, dann schwingst du in einer höheren Frequenz und strahlst positive Energie aus. Unter diesen Voraussetzungen ist das Manifestieren von guten Dingen – ein paar Rituale werden dich dabei unterstützen – die natürliche Folge.

Was Manifestieren bedeutet, wird oft missverstanden. Typischerweise herrscht, so finde ich, Verwirrung insbesondere in zwei Bereichen:

1. Die Leute meinen, die Befähigung zum Manifestieren stehe nur einigen wenigen Auserwählten zur Verfügung.
2. Die Leute meinen, Manifestieren bedeute, dass man *ausschließlich* das bekommt, was man haben *will*.

Die Wahrheit aber ist, dass nicht nur ein paar wenige Auserwählte Zugang zum Manifestieren haben; jeder Mensch manifestiert seine Realität. Man benötigt keine bestimmte spirituelle Begabung oder

Qualifikation, um die eigene Realität zu erschaffen. Du besitzt schon alles, was dazu erforderlich ist.

Allerdings stimmt es, dass wir uns der Prinzipien des Manifestierens bedienen können, um die von uns erwünschte Realität zu erschaffen, und genau dabei will ich dich mit diesem Buch unterstützen. Die meisten Menschen begreifen nicht, dass wir ununterbrochen manifestieren, jeden einzelnen Augenblick an jedem einzelnen Tag. Umso wichtiger ist es zu erkennen, dass man auch negative Dinge manifestieren kann. Die Realität, die du jetzt erlebst, während du dieses Buch liest, hast du selbst bewirkt. Du hast sie mit deinen Gedanken, Glaubenssätzen und Handlungen und mit deiner Schwingungsfrequenz (Energie) erschaffen. So ist es. Du hast das Leben, das du jetzt führst, manifestiert. Wo immer du bist, während du das hier liest, wie auch immer dein Leben aussieht, du bist sein Schöpfer. Deshalb verwende ich gelegentlich lieber den Begriff »erschaffen« als manifestieren.

Alles beginnt mit einem Gedanken

Wie du denkst, verbindet sich direkt mit dem, was du anziehst.

Deine dir vertraute Außenwelt ist das Spiegelbild deiner Innenwelt – dessen, was du denkst, empfindest, sagst und was du üblicherweise tust. Deine Gedanken, Glaubenssätze und Gefühle sind der Handlungsrahmen für die Realität, die du in jedem einzelnen Augenblick erschaffst und lebst. Alles ist davon abhängig, wie du von dir selbst, von der Welt und dem denkst, was dir zugänglich ist. Deine Gedanken gehören zu den mächtigsten Tools, die du für das Manifestieren hast. Warum? Weil sie einen Schneeballeffekt auf alles haben.

Und so funktioniert es: Wenn wir einen wiederkehrenden Gedanken haben (was oft der Fall ist), dann gewinnt er so lange an Kraft, bis er schließlich zu einem Glaubenssatz wird. Glaubenssätze sind in der Regel tief verankert und halten sich länger als Gedanken. Sowohl Gedanken als auch Glaubenssätze können durch Emotionen wie etwa Glück und Traurigkeit beeinflusst werden, die uns veranlassen, bestimmte Entscheidungen zu treffen und uns auf eine gewisse Weise zu verhalten. Unser Handeln, zu dem wir uns veranlasst sehen, wirkt sich auf das aus, was in unserer Realität geschieht. So wird das Grundprinzip des Manifestierens auch in der Psychologie und in der Wissenschaft definiert:

Gedanken beeinflussen deine Gefühle,
die sich auf dein Verhalten auswirken
= deine Realität.

Ich will dir ein Beispiel geben. Seien wir ehrlich, die meisten Frauen kennen diesen Gedanken: »Ich bin nicht schön.« Wenn es bei dir anders ist: Respekt! Doch wenn du diesen Gedanken immer wieder hast, dann wird er möglicherweise zu einem festen Glaubenssatz. Und wie wirst du dich dann fühlen? Ziemlich ätzend, stimmt's? Beschämt und traurig.

Wie wirst du dich also verhalten, wenn du meinst, nicht schön zu sein? Wahrscheinlich wirst du dich zurückziehen und kleinmachen. Du wirst dieses eine Foto von dir lieber nicht posten, denn es könnte ja sein, dass jemand einen fiesen Kommentar abgibt. Du wirst auf Personen, die dich interessieren, nicht zugehen, weil sie dich zurückweisen könnten. Du wirst dich nicht vor Menschen auf die Bühne stellen, um deinen Traum zu verwirklichen, denn sie könnten sonst bemerken, wie »hässlich« du bist. Und weißt du, was? Deine Realität verändert sich nicht. *Denn du handelst eben nicht, also erreichst du auch keine Ziele.* Dein Eingangsgedanke hat deine Realität erschaffen, und das Ergebnis ist ein Teufelskreis, der kein Ende nimmt.

Unsere Gedanken und Glaubenssätze haben ihre Wurzeln häufig in Erinnerungen an prägende Momente in unserem Leben und wie das »richtige« Verhalten programmiert wurde – sie stammen aus unserer Erziehung und unserem Erleben. Die im eigenen Umfeld verwendete Sprache, das Gesehene und die gemachten Erfahrungen verbinden sich zu einer Konditionierung oder zum sogenannten »konditionierten oder unbewussten Geist«, die unser menschliches Verhalten beeinflusst.

Nach Sigmund Freud, dem Vater der Psychoanalyse, setzt sich unsere Psyche aus drei Teilen zusammen: dem Bewussten und dem Unterbewussten, das sich wiederum in Vorbewusstes und Unbewusstes gliedert. Diese grundlegenden Vorstellungen zu begreifen wird dir helfen zu erkennen, auf welche Weise die Verdrahtung unserer Psyche unsere Realität beeinflusst. Unser Bewusstsein umfasst unsere gegenwärtigen Gedanken und Gefühle, die wir in mentalen – logischen und analytischen – Prozessen verarbeiten. Unser Unterbewusstes hingegen wird durch unsere automatischen Handlungen und Reaktionen definiert, die über einen langen Zeitraum hinweg wiederholt und eingeübt wurden wie etwa Fahrradfahren oder das Sprechen einer Sprache. Die Gedanken, Emotionen und Glaubenssätze, die wir auf der Basis unserer Konditionierung ausgebildet haben, sitzen gemeinsam mit unseren Gewohnheiten, Langzeiterinnerungen, ungesteuerten Körperfunktionen, Kreativität, Intuition, Suchtverhalten und Mustern in unserem Unterbewusstsein. Und jetzt wird es interessant: Wissenschaftliche Forschung zeigt, dass neunzig Prozent unserer Denkweise ihren Ursprung im Unterbewussten haben. Folglich bestimmen tief verankerte Glaubenssätze den größten Teil unseres Verhaltens und Lebens. Unsere Aufgabe ist es also, diejenigen zu verändern, die uns nicht dienen. Auf den nachfolgenden Seiten werden wir uns damit befassen, wie dies gelingen kann.

MEINE GESCHICHTE

Um dir an einem Beispiel zu erklären, was ich meine, will ich dir von einigen meiner unterbewussten Glaubenssätze erzählen, die sich entwickelt haben. Ich wurde mit einer ziemlichen Geschichte in diese Welt hineingeboren. Am gleichen Tag, als meine Eltern erfuhren, dass meine Mutter mit mir schwanger war, bekamen sie die Diagnose, dass mein Vater herzkrank war und dass eine Transplantation für ihn nicht infrage kam. Am 27. August 1989 verstarb mein Vater – zehn Tage vor meiner Geburt. Ich verpasste seine Umarmungen sozusagen um Haaresbreite. Und diese Umarmungen, das weiß ich heute, hätten einen entscheidenden Einfluss auf mein gesamtes Glaubenssystem nehmen können.

Ich weiß zwar, dass ich meiner Familie Hoffnung und Licht brachte, doch zugleich war unser Leben von Trauer durchdrungen. Von Anfang an erlebte ich den alltäglichen Überlebenskampf meiner Mutter und meiner Schwester mit – die Freude über das Neugeborene ging einher mit der Trauer um Ehemann und Vater. Meine Mutter verfiel in einen Überlebensmodus und arbeitete rund um die Uhr, um ihre Familie über Wasser zu halten. Ich sah sie für unser aller Überleben arbeiten, sah sie kämpfen, um den Verlustschmerz zu überwinden, und sich zugleich an der mit dem neuen Leben einhergehenden Liebe zu erfreuen. Ich sah, wie sie daran litt, dass das Leben sie so ungerecht behandelte.

Unbewusst empfand ich außerdem, dass mein Vater es wohl nicht für nötig hielt, noch ein paar Tage durchzuhalten, um mich kennenzulernen, und fühlte mich zurückgewiesen. Es ist eine Tatsache, dass die meisten unserer Konditionierungen im Alter von null bis sieben Jahren erfolgen. In dieser Zeit lernte ich unbewusst Folgendes:

- Weil ich in diese Welt durch ein trauerndes Haus gelangte, lernte ich: *Die Geburt eines Kindes geht mit dem Tod eines Menschen einher.*
- Weil mich mein Vater verließ, bevor er mich überhaupt kennenlernen konnte, verinnerlichte ich: *Männer gehen immer fort, und ich bin nicht gut genug, um sie zum Dableiben zu veranlassen.*
- Indem ich miterlebte, wie meine Mutter ununterbrochen arbeitete, um unser Überleben zu sichern, kam ich zu dem Schluss: *Man verdient nur dann genug Geld, wenn man sich bis zum körperlichen Zusammenbruch überanstrengt und Überstunden macht.*
- Indem ich mit anhörte, dass die Sorge um uns meiner Mutter

Stress, Schmerz und Anstrengung verursachte, prägte ich mir ein: *Erfolg und Wohlstand erreicht man nur durch Schmerzen und Anstrengung – Ringen und Stress sollen uns immer ein Antrieb sein.*

Diese ersten Eindrücke formten meine Vorstellungen davon, wie das Leben sei und welche Möglichkeiten mir offenstünden. Sie wurden zur Blaupause für meinen Umgang mit Geld, mit Beziehungen und mit meinem Beruf. Sie verankerten sich in meinem Unterbewussten und wurden zum Grundgerüst für das Leben, das ich führte, und für die Realität, die ich manifestierte.

In der Folge zog ich Männer an, bei denen ich mir sicher sein konnte, dass sie mich verlassen würden. War das nicht der Fall, dann sorgte ich dafür, dass sie gingen, denn ich war überzeugt, genau das würde ohnehin geschehen. Die Rolle der Verlassenen war die einzige, die ich spielen konnte. Ich machte Überstunden und verdiente trotzdem nie so viel, wie ich es hätte können, denn Wohlstand hätte mir nichts als Stress und den Hass anderer eingebracht. Dies sind nur einige der Glaubenssätze, die meine Realität formten.

Auch dir wird das Manifestieren einiger Dinge schwerer und das anderer leichter fallen. Alles hängt davon ab, welche Erfahrungen, Glaubenssätze und Traumata für dich mit den Dingen und Ereignissen verbunden sind, die du anziehen willst. Manche Glaubenssätze, die im Zusammenhang mit großen Verletzungen stehen, sind besonders schwer zu überwinden. Die Menschen, die in einem bestimmten Bereich ihres Lebens weniger Leid erfahren durften, stellen oft fest, dass sie weniger hart daran arbeiten müssen, um ihre Glaubenssätze zu verändern. Deshalb gelingt es ihnen schneller, ihre Wünsche anzuziehen. Nehmen wir das Beispiel Beziehungen: Jemand, der viel Liebeskummer erfahren musste, wird bemerken, dass seine Beziehungsmanifestierungen länger brauchen als bei jemandem, der relativ wenig Erfahrung mit emotionalem Schmerz hat.

DEINE GESCHICHTE

Wir alle machen Erfahrungen und haben Nöte, die dann zu einem Bestandteil unserer Lebensgeschichte und Identität werden. Dir geht es nicht anders. Sie bilden die Blaupause unserer Konditionierung, die uns unsere Denkweise und unsere Gefühle diktiert. Sie legen für uns fest, was uns zusteht und wir glauben zu verdienen. Dass ich nach und nach begriff, wie meine eigene Geschichte mein Denken und letztlich meine Realität formt, war der Anfang meiner Reise zum Manifestieren. Wer Veränderung will, muss sich den Status quo bewusst machen. Diese Bewusstmachung ist unglaublich wichtig, wenn es darum geht, zu erkennen, auf welche Weise deine Erfahrungen dein Denken und deine Realität beeinflusst haben.

WELCHE GESCHICHTE HAST DU?

Mach dir Gedanken darüber, wie deine Realität und deine Verhaltensweisen durch deine Geschichte beeinflusst wurden:

- Wie nimmst du Geld, Arbeit, Beziehungen und all das wahr, was dir zur Verfügung steht?
- Wo könnten die dazugehörigen Glaubenssätze ihren Ursprung haben?
- Welche Sicht hast du auf dich als Person?
- Wie haben deine Glaubenssätze dich in deinem Handeln und damit deine Realität beeinflusst?

Energie ist alles

Deine Vibration zu steigern ist dein Schlüssel zum Manifestieren.

Falls du wirklich Interesse am Manifestieren hast, dann solltest du dich jetzt damit abfinden, dass es etwas gibt, das sehr viel größer ist als wir alle zusammen. Jahrelang versuchte ich die Vorstellung zu ignorieren, dass es eine Kraft gibt, eine »höhere Macht«, die Dinge geschehen lässt. Eine Energie, die weder hörbar noch sichtbar ist oder auch nur beschrieben werden kann, die aber dennoch existiert. Sie lässt die Gezeiten fließen, Sonne scheinen und die Blumen wachsen – und diese gleiche Macht sorgt dafür, dass du auf diesen Menschen triffst, an den du gerade gedacht hast, oder in den sozialen Medien genau zu dem Zeitpunkt über dieses Zitat stolperst, als du es am meisten brauchtest. In vielen Religionen wird diese Macht als Gott bezeichnet; in einigen spirituellen Gruppen ist der Begriff Quelle verbreitet; in der Wissenschaft heißt sie Energie. Ich selbst nenne die Kraft, die uns umgibt und die Schöpfung steuert, mit dem Wort Universum.

Die Welt, so wie wir sie kennen, und alles Lebendige darin besteht aus Energie und strahlt eine Schwingungsfrequenz aus. Alles vibriert: der Planet und die Dinge darauf. Und du, meine Liebe, bist ungeheuer mächtig. Du bist ebenso Teil dieser energetischen Kraft wie alles andere. Du hast deine eigene Schwingungsfrequenz, die du in die Welt ausstrahlst, ein weiteres wesentliches Tool, mit dem du Zugang zu deinem Manifestierungspotenzial erlangst. Ich kann gar nicht genug betonen, wie wichtig es ist, dass du die Verantwortung für deine Energie übernimmst und vehement schützt. Das ist verdammt starkes Zeug. Deine Schwingung spricht mit der Welt und an dieser Stelle begegnest du ohr.

WORAUS BESTEHT DEINE ENERGIE?

Erinnerst du dich an diese unglaublich mächtigen Gedanken, Glaubenssätze und Gefühle, über die wir bereits gesprochen haben? Nun, ihre Macht nimmt zu, weil sie ebenfalls über eine eigene Schwingung verfügen, die in die Vibration einfließt. Jeder einzelne Gedanke und jedes Gefühl besitzt eine Schwingungsfrequenz, und für alle gilt die gleiche Regel: Von positiven, glücklichen und freudigen Gedanken geht eine höhere, beschleunigte Frequenz aus und negative, düstere und dich einschränkende Gedanken erzeugen eine niedrigere, langsamere und kleinere Frequenz.

In seinem Buch *Die Ebenen des Bewusstseins* führt David Hawkins eine Bewusstseinsskala ein, um zu ermitteln, wie wir mit unseren Gefühlen und Gedanken Einfluss auf die Entfaltung unseres Lebens nehmen. Im vorliegenden Buch beziehe ich mich auf diese Bewusstseinsskala.

Bewusstseinsskala nach David Hawkins

Hawkins zeigt, dass Emotionen wie Angst, Sorge, Scham, Schuld und Wut niederfrequent und langsamer sind, sie sorgen dafür, dass wir uns gegenüber allem Hochfrequenten verschließen und uns veranlassen, es zu blockieren und abzustoßen. Hingegen befinden sich hochfrequente Emotionen wie Mut, Hingabe, Unparteilichkeit und Vernunft im oberen Bereich der Skala, und Liebe, Freude, Frieden und Erleuchtung sind sogar noch darüber angesiedelt.

Indem wir uns für hochfrequente Emotionen entscheiden, heben wir unsere eigene Schwingungsfrequenz an und dehnen uns aus. Wir wollen nicht mehr etwas erzwingen, uns Sorgen machen und ängstlich sein, stattdessen sind wir offener und im Flow – und deshalb besser mit unserer eigenen Macht verbunden. Wir hören auf, zu überreagieren, uns falsch oder unsicher zu verhalten, und wenden uns stattdessen einer produktiven Lebensweise zu, die einen Raum eröffnet, in dem sich wunderbare Dinge ereignen können. Wir bewegen uns von einem unbewussten Zustand, der sich wie Schlafwandeln anfühlt, in dem wir auf Autopilot fahren und von uns selbst abgeschnitten oder unserem kritischen Geist und unseren Beschränkungen ausgeliefert sind, in einen bewussten Zustand, in dem wir mit Vorbedacht handeln und präsent sind.

Indem wir auf der Frequenzskala weiter nach oben hin zu hochfrequenteren Emotionen gelangen, verbinden wir uns nachhaltiger mit unserer Macht. Wir treten heraus aus unserem Schatten, hinein in unseren Glanz und unser Licht wird heller leuchten. Mit meinem Team lege ich dir ans Herz: Leuchte auf! Das ist auch unser Motto: »GET LIT!« – Erstrahle! Wenn unser Handeln im Wesentlichen aus Liebe, Glück, Erfüllung und Selbstvertrauen entspringt und mit unserer Macht verbunden ist, dann strahlen wir. Wenn wir uns klein machen, Selbstzweifel und Ängste gewinnen lassen, dann erlöschen wir. Das Licht ist aus; es ist niemand zu Hause.

Wirf einen Blick auf die Skala: Erkennst du, in welchem Bereich du dich mit deinen dominanten Emotionen befindest? Bist du da oben und voller Liebe, Vernunft und innerer Ruhe? Oder schmorst du da unten – gefangen in Emotionen wie Angst, Scham und Schuld, die viel zu viel Macht über dein Leben haben?

DEINE SCHWINGUNG SPRICHT ZUR WELT

An dem Tag, als ich herausfand, wie wichtig meine Schwingung dafür war, wie meine Realität aussieht und was ich manifestiere, hat sich mein Leben verändert. An Weihnachten 2018 befand ich mich mit meiner Mutter auf einer Rundreise durch Australien. Doch statt mich für den Anblick des einmaligen Great Barrier Reef zu öffnen, stresste ich mich mit der Frage, ob sie an Bord des Wasserflugzeugs wohl auch glutenfreies und paleo-konformes Essen anbieten würden. Statt die einzigartige Schönheit der Whitsunday-Strände zu bewundern, war ich damit beschäftigt, tausendundein Selfie zu machen, um dieses eine perfekte Bild zu bekommen – und scheiterte kläglich, weil ich so sehr hasste, wie ich auf allen aussah, und ich mich deshalb einem emotionalen Zusammenbruch nahe fühlte.

Ich befand mich mitten in den, wie ich sie nenne, erloschensten Zeiten meines Lebens. Meine Schwingung war im alleruntersten Bereich. Erst vor zwei Jahren war ich durch eine überaus qualvolle Trennung gegangen, die meine Welt aus den Angeln gehoben und mich in ein Loch der Depression katapultiert hatte. Ich fühlte mich so, als müsse mich die ganze Welt hassen, als sei ich ein Magnet für alles Schlimme und Schreckliche und als gehe bei mir grundsätzlich alles schief. Ich war erfüllt von Selbsthass, führte negative Selbstgespräche, behandelte mich grauenvoll und überließ mich ganz der Angst, für alle zu viel oder nicht genug zu sein.

Ungefähr in der Mitte unserer Reise las ich, ich weiß nicht, wie es dazu kam, eines der tiefgründigsten Bücher, das mir je in die Hände gefallen ist und das meine Zukunft massiv beeinflusste. Ich arbeitete bereits seit ungefähr drei Jahren an meiner persönlichen Entwicklung und versuchte gerade herauszufinden, was mich ausbremste, doch bisher war nicht wirklich etwas in Bewegung geraten. Doch *Spirituelle Antworten auf alle Probleme: Die Macht von Liebe, Vergebung und Harmonie im Alltag* des verstorbenen Wayne Dyer war ein Volltreffer. Es fiel mir zum idealen Zeitpunkt in den Schoß. Endlich war ich bereit, mich von den Worten wirklich berühren zu lassen.

In seinem Buch erklärt Wayne Dyer, wie Energie Einfluss auf die Realität nimmt, und beschreibt fünf elementare Fakten:

1. Alles schwingt.
2. Schnellere Schwingungen bedeuten, dass wir dem Geist näherkommen.
3. Langsamere Schwingungen halten uns im Umfeld des Problems fest.
4. Es steht uns frei, uns von allem zu befreien, was uns davon abhält, unser Schwingungsfeld anzuheben.
5. Es ist möglich, in unserem Leben gegenwärtige Faktoren zu überwinden, um unsere Schwingung anzuheben.

Im Wesentlichen sagt Wayne Dyer, dass schnellere Schwingungen hochfrequente Dinge (gute Gelegenheiten), während langsamere niederfrequente Dinge (Probleme) anziehen. Außerdem macht er klar, dass nur du und nur du alleine für die Energie deines Lebens verantwortlich bist, denn du bist auch aus Energie entstanden.

Unsere individuellen Frequenzen, die eine Art magnetisierende Wirkung haben, schwingen unterschiedlich schnell, je nachdem, was wir gerade tun und wie wir uns fühlen. Wir alle kennen Leute, die immerzu behaupten: »Glaub mir, wenn etwas schiefgehen kann, dann bei mir.« Sie sind immer diejenigen, denen schlimme Dinge zustoßen, stimmt's? Es liegt an ihrer Energie. Sie senden keine guten Schwingungen aus, deshalb werden sie mit einem Scheiß nach dem anderen beworfen. Wir alle lernen manchmal Menschen kennen, bei denen wir denken: »Diese Person mag ich einfach nicht, auch wenn ich gar nicht weiß, warum.« Ob es uns nun bewusst ist oder nicht, aber wir alle werden von der Energie anderer entweder angezogen oder abgestoßen.

Wenn wir Wayne Dyers fünf Fakten im Hinblick auf das Manifestieren in die Praxis übertragen, dann stellen wir fest: Je höher deine Schwingung ist, umso größer ist deine Befähigung, selbst ein Magnet für hochfrequente Dinge zu sein (und damit vermutlich genau für die Objekte und Menschen, die du dir am meisten wünschst). Je niedriger deine Schwingung ist, umso größer sind auch die Probleme, mit denen du konfrontiert bist. Gutes wird von denjenigen angezogen, die am hellsten strahlen, und auch wir selbst wenden uns auf natürliche Weise am liebsten solchen Personen zu. Menschen wollen sich in diesem Licht sonnen. Das hört sich simpel an, aber es kann das Leben verändern.

LEGE DICH FEST AUF EIN HOCHFREQUENTES LEBEN

Damals in Australien waren diese allerniedrigsten Frequenzen mein Ausgangspunkt: *Scham,* weil ich mir wie eine Betrügerin vorkam, *Angst* davor, der Mensch zu sein, der ich wirklich sein wollte, *Schuld,* weil ich nicht genug auf meine Ernährung und Bewegung achtete, und *Wut* über all den Schmerz, den ich in meinen Beziehungen hatte ertragen müssen. Mein Leben war ein endloser Kreislauf aus niederfrequenten Ereignissen. Und ich zog Gegenstände und Begegnungen an, die zu dieser Schwingung passten.

Es kommt nur selten vor, dass ich in meiner Arbeit Frauen unterstütze, die nicht von diesen niederfrequenten Gefühlen aus agieren. Auf dieser Basis, meine Liebe, kann man kein gutes Leben aufbauen. Positives zu schaffen, kann so nicht funktionieren. Es ist unmöglich, uns von niederfrequenten Emotionen beherrschen zu lassen und zugleich Hochfrequentes anzuziehen. So läuft es nicht. Du ziehst immer nur das an, was zu der Schwingung passt, die von dir ausgeht.

Wenn wir uns auf hochfrequente Schwingungen festlegen, dann erwartet uns ein gutes Leben. Wir strahlen Anziehungskraft aus: Menschen und Dinge suchen unsere Nähe. Stell dir vor, dass du gerade eine Beziehung mit jemandem beendet hast, ein paar Wochen weinst, dich hilflos und traurig fühlst (sehr niederfrequent). Dein Ex verschwindet – vertrieben vermutlich von deiner niedrigen Energie. Dann wachst du eines Tages auf und stellst fest, dass du großartig bist und dass dein Ex ein Loser ist und dass du *etwas* Besseres verdienst. Und schon fängst du an zu strahlen, und plötzlich kommt der Ex mit eingezogenem Schwanz zu dir zurückgekrochen. Das haben wir alle schon einmal erlebt. Nichts könnte deutlicher zeigen, wie mächtig Energie ist: *Wir riechen gut, wenn wir uns gut fühlen.*

Im Verlauf unseres Lebens bewegen wir uns auf der Skala auf und ab. Die von uns verströmte Energie verändert sich andauernd und wirkt sich aus auf das, was wir anziehen und manifestieren. Wir können ja nicht immer in Bestform sein, oder? Das wäre weder sinnvoll noch menschlich machbar. Doch was wir tun können, ist, unsere Zeit den Gedanken und Verhaltensweisen zu widmen, die uns so weit wie möglich oben auf der Skala halten. Wenn wir uns dann in einer niederfrequenten Situation oder vor einem Problem wiederfinden, dann sind wir mit den richtigen Tools ausgerüstet, um auf der Skala wieder hinaufzusteigen und zu strahlen.

WAS MANIFESTIERST DU JETZT GERADE?

Damit du leichter feststellen kannst, wo auf der Skala du dich augenblicklich mit deiner Schwingung befindest, habe ich die vier grundlegenden Ebenen des »Seins« bestimmt, die sich auf unser Manifestationspotenzial auswirken. Lies die nachfolgenden Beschreibungen, und mach dir Notizen zu deinen häufigsten Emotionen, Gedanken, Glaubenssätzen und Gewohnheiten, denn sie offenbaren dir, auf welcher Manifestationsebene sich deine Energie gegenwärtig befindet.

EBENE 4: IN LEID UND SCHAM LEBEN

Auf dieser Ebene hast du häufig das Gefühl, dass das Leben gegen dich ist und dass dir, anders als allen anderen, nichts Gutes widerfährt. Du lebst in einer Welt voller Herausforderungen und Problemen und es scheint so, als ob ununterbrochen alles schieflief. Du bist erfüllt von starken Schamgefühlen und erhältst ein ständiges inneres Nörgeln aufrecht. Du kritisierst dich selbst, die Welt um dich her, deine Mitmenschen und alles, womit du in Berührung kommst. Selbstliebe ist für dich ein Fremdwort, und vielleicht leidest du unter den Folgen einer schmerzhaften Erfahrung, bedauerst dein Handeln oder musst einen Verlust verkraften. Das Leben fühlt sich schwer an, als sähest du kein Licht am Ende des Tunnels. Auf dieser Ebene klammern wir uns oft an früher erlittene Verletzungen, zurückliegenden Ärger oder an nicht verarbeitete Enttäuschungen.

Schlüsselemotionen: Scham, Schuld, Angst und Leid

Manifestierungspotenzial: Auf dieser Ebene leben wir, wie ich es nenne, im Mangel und pflegen unsere Opfermentalität. Alles dreht sich um das, was fehlt und was falsch ist oder in unserem Leben schiefgehen könnte. Was das Manifestieren betrifft, so ist unsere Schwingung so niedrig, dass wir nur Probleme und sicher nichts Gutes manifestieren können. Unsere Schwingung passt zu dem Niederfrequenten.

EBENE 3: FÜR ANERKENNUNG LEBEN

Auf dieser Ebene wirst du möglicherweise von deinen Leistungen, deinem Auftreten und deinen Auszeichnungen angetrieben. Für dich und dein Glück ist es wesentlich, wichtig und erfolgreich zu sein und wahrgenommen zu werden. Bestätigung ist der Schlüssel – du fühlst dich gesehen und gewürdigt, wenn andere dir auf die Schulter klopfen. Vielleicht beschäftigt dich die Frage, wie andere dich wahrnehmen. Perfektion ist dir wichtig, was dazu führen kann, dass du dich mit anderen vergleichst und Wut oder Neid entwickelst wegen der Dinge, die sie haben und du nicht. Ängste, Sorgen und Befürchtungen bremsen dich oftmals aus und hindern dich daran, dich so zu verändern, wie du selbst dir das wünschst. Du befürchtest, dass andere dich bewerten könnten. Wenn du nicht erreichst, wofür du so hart gearbeitet hast, dann konzentrierst du dich allein auf das, was schiefgehen könnte.

Schlüsselemotionen: Sehnsucht, Angst, Wut

Manifestierungspotenzial: Vermutlich fragst du dich, warum du nicht all das anziehst, was du dir wünschst. Andererseits sieht es so aus, als seiest du mit deinem höheren Selbst verbunden, denn du erreichst ja einiges. Doch wenn du tiefer blickst, dann stützt du dich, um dich vollständig und wertvoll zu fühlen, auf andere Menschen, Dinge und Anerkennung. Ich bezeichne Personen auf dieser Ebene als »Beifallheischer«. Ich selbst saß lange Zeit dort fest und fragte mich, warum ich nichts manifestierte. Doch ich hatte meine Macht anderen und anderem überlassen. Sich gut zu fühlen, war für mich gleichbedeutend mit Erfolg oder Zustimmung durch andere. An diesem Zustand ist problematisch, dass man in ständiger Angst davor lebt, dass man für andere nicht (mehr) genug ist oder nur dann gemocht wird, wenn man bestimmte Voraussetzungen erfüllt. Man fürchtet, nicht erfolgreich zu sein. Dabei verlieren wir unsere Authentizität und, was noch wichtiger ist, überlassen unsere Manifestierungskraft anderen.

EBENE 2: MIT AKZEPTANZ UND NEUTRALITÄT LEBEN

Auf dieser Ebene hast du angefangen, dich als den Menschen anzunehmen, der du bist. Du begegnest vielen Dingen mit Neutralität, bist zufrieden mit den kleineren Angelegenheiten des Lebens und im Wesentlichen im Frieden. Dennoch bist du nicht frei von Sorgen und Problemen und rutschst regelmäßig auf den Ebenen 3 und 4. Trotzdem ist dein Leben gut, und es gelingt dir immer wieder, zu deiner Zufriedenheit zurückzufinden. Du hast die Kunst der Vergebung gemeistert und beginnst, den Lektionen deiner zurückliegenden Erfahrungen zu vertrauen in der Hoffnung, dass die Zukunft für dich besser aussieht. Es gelingt dir relativ gut, dein Leben, so wie es ist, zu akzeptieren, auch wenn du weißt, dass es da draußen noch mehr für dich gibt. Du bist dankbar für alles, was ist.

Schlüsselemotionen: Akzeptanz, Einsatzbereitschaft, Neutralität und Mut

Manifestierungspotenzial: Du bist auf dem richtigen Weg, um Gutes zu manifestieren. Du fängst an zu begreifen, dass die Macht in dir ist. Du übernimmst Verantwortung für dein Handeln und für deine Glaubenssätze, und du weißt, dass du ein gutes Leben erschaffen kannst. Wenn du hoffnungsfroh, nachsichtig, vertrauensvoll und zufrieden bist, dann wirst du zum Schwingungsgegenstück für gute Dinge.

EBENE 1: DAS ERHELLTE LEBEN

Auf dieser höchsten Ebene weißt du, dass du Probleme vorbeiziehen lassen kannst; du verurteilst dich nicht, weil du sie hast, und du gestattest es dir, deine Emotionen zu spüren, bevor du wieder zurückkehrst zu deiner liebevollen Grundeinstellung. Du erkennst den Sinn in den meisten Situationen und bist immer auf der Suche nach dem Positiven und nach den guten Gelegenheiten des Lebens. Für andere Menschen nützlich zu sein erfüllt dich mit großer Zufriedenheit und Freude. Veranlasst wird diese Haltung nicht durch die Suche nach Bestätigung, sondern durch ein tiefes Interesse an diesen Personen. Es kommt dir wenig darauf an, wie andere dich und deine Leistung einschätzen. Stattdessen bist du auf das Leben im Augenblick fokussiert und dankbar für alles, was du hast. Angetrieben wirst du weniger von der Suche nach Anerkennung als nach innerem Frieden. Du setzt Praktiken um, die für dich Verbindung zu deiner Macht herstellen und dir ein tiefes Selbstbewusstsein ermöglichen. Du spürst, dass dein Leben einen Sinn hat, und du schützt deine Energie, indem du sie in Dinge investierst, die dir helfen, dich gut zu fühlen. Du weißt, dass du so, wie du bist, vollständig und ganz bist. Du liebst und respektierst dich und sorgst gut für dich. Du weißt, dass du für andere dann am nützlichsten bist, wenn du es zu deiner Priorität machst, für dich selbst am besten zu sein.

Schlüsselemotionen: Ruhe, Liebe, Freude, Erfüllung und sogar Augenblicke der Erleuchtung

Manifestierungspotenzial: Du hast es drauf! So bist du mit deiner Kraft verbunden und bereit, deine Wünsche zu verwirklichen. Deine Schwingung ist hochfrequent, und du ziehst hochfrequente Dinge an. Sie erreichen dich ohne große Anstrengung, und du bist sehr gut darin, das zu bekommen, was du dir wünschst.

Die erste Ebene ist für jegliches Manifestieren unser bester Ausgangspunkt. Dann verkörpern wir unser höheres Selbst und befinden uns auf einem guten Weg zu einem Ort, an dem wir all das empfangen können, was wir uns im Leben wünschen. Für lange Zeit steckte ich in der vierten Ebene fest, tauchte gelegentlich in die dritte Ebene ein und manchmal sogar in die zweite, wenn ich mich gerade besonders wild fühlte. Heute ist mein Ausgangspunkt vor allem die erste oder die zweite Ebene. In seltenen Augenblicken gerate ich ins Wanken, wenn mich in bestimmten Bereichen meines Lebens alte Trigger treffen, und falle zurück auf die Ebenen drei oder vier. *Das ist vollkommen normal* – auch du wirst möglicherweise zwischen den verschiedenen Ebenen hin- und herwechseln. Das ist absolut okay.

Sobald du dir deine Energie bewusst machst, kannst du sie jederzeit verlagern und dich für Veränderungen öffnen – das ist das Großartige an ihr. Ich werde dir zeigen, wie man das macht. Doch zuerst möchte ich dir noch ein Mantra – eine positive Aussage – anbieten, mit dem du die Anhebung deiner Schwingung in Gang setzen kannst.

SEI EIN MAGNET FÜR GUTES!

Schließe deine Augen, hole tief Luft, lege deine Hände auf dein Herz und verbinde dich eine Minute lang mit deinem Atem. Lächle dich innerlich an, und wiederhole die nachfolgenden Sätze drei Mal:

»Ich will mich dazu verpflichten, meine Schwingung anzuheben und aufzusteigen. Ich verkörpere jetzt das wahre Licht, das ich bin, und befinde mich im Kontakt mit meiner Kraft. Ich bin ein Magnet für alles, was von höchster Güte ist, denn ich habe meine Energie verändert.«

Wiederhole diese Sätze so lange fünf Mal täglich, wie es dir sinnvoll erscheint. Es fühlt sich gut an, wenn man sich gut fühlt, stimmt's? Sich gut zu fühlen ist die geheime Formel, um Gutes anzuziehen.

Die Prinzipien, die ich in den folgenden Kapiteln erkläre, gehören zu meinen Alltagsgeheimnissen. Sie werden dir helfen, die Verantwortung für die Anhebung und den Schutz deiner Energie zu übernehmen, dich auf deiner Mission hin zu echtem Wohlbefinden unterstützen, und sie lassen dir die Führung zuteilwerden, die du brauchst, um aufzusteigen und für dich ein gutes Leben zu schaffen.

Prinzip 1:

Du bist befähigt zu Mächtigem

Von dir existiert
eine höhere Version.
Finde sie, und
mach dir deine Macht
zu eigen.

Menschen, die gut im Manifestieren sind, haben eines gemeinsam: Sie glauben an sich. Sie verfügen über Selbstbewusstsein, Selbstrespekt und Selbstliebe. Sie werden getragen von dem Wissen, dass sie, so wie sie sind, genügen und dass sie all dessen wert sind, was sie sich wünschen. Dein Selbstwertgefühl kannst du nicht austricksen – es steht am Anfang von allem. Wenn du eine glänzende Beziehung, eine Karriere, ein Zuhause, Freundschaften und finanzielle Möglichkeiten wirklich anziehen willst, dann musst du davon überzeugt sein, dass du das, was du dir wünschst, auch wert bist – und du solltest daran glauben, dass du es dir erschaffen kannst.

Das erste Prinzip ist ziemlich einfach, aber entscheidend. Freunde dich mit der Vorstellung an, dein höchstes, erweitertstes Selbst zu erreichen. Richte dich gedanklich darauf ein, dass es existiert. Gewöhne dich an das Wissen, dass du mächtig bist – auch dann, wenn die Welt das Gegenteil behauptet.

Damit du dich mit der Vorstellung wohlfühlst, dass du deine Vibration anheben und dich mit deiner Manifestationskraft verbinden kannst, müssen drei entscheidende Voraussetzungen erfüllt werden. Mit ihnen wollen wir uns als Nächstes befassen.

GLAUBE AN DEIN HÖHERES SELBST

Als Erstes musst du aufstehen, dich vor den Spiegel stellen und zu dir selbst sagen: »Ich glaube an mein höheres Selbst.« Du bist überzeugt, dass es eine Version von dir selbst gibt, die frei ist von Selbstzweifeln, Sorgen, Ängsten und Schamgefühlen, die sein und haben kann, was immer du willst. Wenn du nicht an sie glaubst, dann kann sie nicht strahlen. Keine der Praktiken in diesem Buch wird erfolgreich sein, wenn du die Existenz deines höheren Selbst nicht für möglich hältst. Im Augenblick will ich nicht mehr von dir, als dass du an sie glaubst; mit allem anderen werde ich dir weiterhelfen.

Für viele von uns fühlt sich Selbstliebe unmöglich an. So erging es auch mir, bis ich anfing, an meiner Selbstakzeptanz zu arbeiten. Je besser ich mich annehmen konnte, desto leichter fiel es mir, meine Schwingung jeden Tag ein wenig mehr anzuheben. Mit der Zeit fühlte es sich normal an. Wenn du die Prinzipien befolgst, trainierst du damit deinen Selbstwertmuskel. Instinktiv und unterbewusst wird dein Selbstwertgefühl wachsen und damit auch deine Fähigkeit, wunderbare Dinge anzuziehen. Wenn du daran glaubst, begibst du dich auf den Weg zu dem Menschen, der du werden willst.

SAG ES SO, WIE DU ES MEINST

Schreib dir die nachfolgenden Affirmationen auf, und wiederhole sie täglich laut drei oder vier Mal, bis du sie verinnerlicht hast:

»Ich bin brillant, kompetent und habe es verdient, ein gutes Leben zu haben.«

»Ich verdiene es, mich gut zu fühlen, engagiere mich dafür, mich gut zu fühlen, und fühle mich wohl damit, mich gut zu fühlen.«

»Ich freue mich darauf, die beste Version meiner selbst zu werden.«

»Ich entscheide mich, das Leben ausgehend von Liebe, Glück, Freude, guten Möglichkeiten und Frieden zu betrachten.«

ZU STRAHLEN IST DEIN GEBURTSRECHT

Eins kann ich dir versprechen: Es hilft niemandem, wenn du dich kleinmachst und dich im Schatten versteckst. Es ist weder selbstverliebt noch divenhaft oder hochnäsig, dich selbst zu lieben und dein Licht erstrahlen zu lassen. Ja, zu strahlen steht dir von Geburt wegen zu, und wir brauchen mehr Frauen, die wissen, dass es in Ordnung ist, wenn sie ihr Licht zeigen.

Irgendwo auf dem Weg sind wir der Lüge ins Netz gegangen, dass wir auf die Genehmigung anderer warten müssen, um zu strahlen, dass es falsch ist, unser Licht ganz hochzudrehen und uns der Welt als unser strahlendstes Selbst zu zeigen. Ich erlebe das bei jeder einzelnen der wunderbaren Frauen, mit denen ich zusammenarbeite. Sie machen sich nicht etwa Sorgen darüber, dass sie zu unfähig oder zu untalentiert sein könnten, um einen bestimmten Job zu ergattern oder ihr eigenes Unternehmen zu gründen. Die meisten wissen tief in ihrem Inneren, wie talentiert sie sind. Aber sie machen sich Sorgen, was die Leute sagen oder dass sie scheitern könnten. Es beunruhigt sie nicht, dass es ihnen an den nötigen Fähigkeiten fehlen könnte, sondern, dass sie gesehen werden könnten – als strahlende Person. Für mich war es eine Offenbarung, als ich erkannte, dass auch ich diese tief sitzende Angst hatte.

Mein Kindheitstraum war es, in einer Girlgroup zu singen. Stundenlang probte ich in meinem Zimmer, trällerte zu Destiny's Child und stellte mir vor, ich träte in einer riesigen Arena vor einem Millionenpublikum auf. In diesen Momenten war ich am glücklichsten. Doch ich werde nie den Tag vergessen, an dem ich in der Schule sang und meine Lehrerin laut rief: »Hör auf zu prahlen, Rebecca – niemand mag Angeber!« Im zarten Alter von zehn wurde mir also gesagt, dass es nicht in Ordnung ist zu strahlen, dass es inakzeptabel ist, im

Mittelpunkt der Aufmerksamkeit zu stehen. An diesem Tag lernte ich, dass man mich hassen würde, wenn ich meine Talente zeigte und tat, was ich liebte.

Wir wollen uns nichts vormachen, unsere Gesellschaft will uns beibringen, dass es maßlos ist und eitel, sich selbst zu lieben und zur Schau zu stellen. Unser kindlicher Glaube an unsere grenzenlosen Möglichkeiten wird erdrückt von den Lügen darüber, ob wir es wert und würdig sind zu strahlen. Folglich will keines das Mädchen sein, das sich selbst zu sehr liebt. Keines will auch nur ein wenig mehr als die anderen hervorstechen, denn dann werden wir gesehen und vielleicht verspottet und zurückgewiesen.

Das Motto meiner Mittelschule lautete: »Lass dein Licht leuchten.« Es war abgedruckt auf unserem Schulpullover und wurde bei jeder Schulversammlung gesungen. Dennoch war ich unablässig damit beschäftigt, lieber doch nicht ins Rampenlicht zu treten. Nie bin ich richtig in meine Kraft gekommen. Ich versteckte mich immer hinter anderen und machte mir Sorgen, ob sie mich für arrogant hielten oder mich auslachen würden. War ich überhaupt gut oder würde ich es vermasseln? In der frühen Phase meines Unternehmertums versteckte ich mich gerne hinter meinen Geschäftspartner*innen, Kund*innen, Vertrauten. Ich war so voll von allen nur denkbaren mich einschränkenden Glaubenssätzen, die mich daran hinderten, Neues auszuprobieren. Meine Angst, gesehen zu werden, zu versagen und vor meiner eigenen verdammten Magie hielten mich viel zu lange davon ab, meine eigenen Vorstellungen zu verwirklichen und zu strahlen. All dies verwechselte ich mit meinem mangelnden Selbstvertrauen, mit meinen Ängsten oder mit meinem geringen Selbstwertgefühl. Doch in Wahrheit fehlte mir einfach nur der Mut, meine Talente leuchten zu lassen.

Später werden wir uns noch näher mit deinen Ängsten befassen, doch jetzt sollte ich uns Frauen erst einmal dazu bekommen, dass wir uns ein Versprechen geben. Ich muss dich davon überzeugen, dass es in Ordnung und erwünscht ist, wenn du leuchtest. Ja, es ist sogar dein Geburtsrecht. Dein hell strahlendes Licht ist dein natürlichster Zustand. Es bringt deine immense Kraft zum Ausdruck, dein außerordentliches Potenzial, deine Berufung, deine Bestimmung. Keine von uns erstrahlt in größerem Glanz als die andere, hat bessere Aufgaben oder einen erfolgreicheren Weg vor sich – so laufen die Dinge nun einmal nicht. Uns allen steht die gleiche Leuchtkraft zur Verfügung.

Falls du also darauf wartest, dass dir jemand die Genehmigung erteilt, hier ist sie. Es ist okay, dass du dich von oben bis unten in dein eigenes Licht hüllst. Verdammt okay.

DU BIST VOLLSTÄNDIG, SO WIE DU BIST

Ich werde dir jetzt verraten, welchen größten Fehler die meisten Leute machen, wenn sie etwas manifestieren möchten. Wenn Menschen anfangen, sich für das Manifestieren zu interessieren, wollen sie vor allem etwas verändern. Stimmt's? Irgendetwas hat in dir den Wunsch ausgelöst, deine gegenwärtige Realität umzugestalten. Eigentlich eine gute Sache. Allerdings könnte es sein, dass deine Motivation ihren Ursprung im Mangel und in niederfrequenten Schwingungen hat.

Gerne nehmen wir an, dass ein paar Veränderungen die Dinge schon wieder ins Lot bringen und dafür sorgen, dass wir uns in unserem Glück ganz und vollständig fühlen, dass wir nur X brauchen, um glücklich zu sein. Wenn die Beziehung klappt, dann werden wir uns geliebt fühlen; wenn wir den Traumjob ergattern, dann werden wir erfolgreich sein; wenn wir den perfekten Körper erreichen, dann wird man uns bewundern. Doch leider geben wir damit unsere Macht aus den Händen. Wir überlassen unsere Energie diesen »Dingen«, die uns vollständig und ganz machen sollen. So, als seien wir an irgendeiner Stelle unvollkommen. Gelingt es dir, hier das sogar noch größere Problem zu erkennen? Wenn alle diese Dinge verschwinden oder wir sie nicht erreichen, dann verlieren wir auch unser Selbstwertgefühl, unsere Liebe, unser Glück und alle anderen Emotionen, die wir an ihnen festgemacht haben.

Es ist an der Zeit, dir deine Macht zurückzuholen: Du bist ganz und vollständig, so wie du jetzt in diesem Augenblick bist. Du kannst alle diese Dinge, die du durch deine Manifestierungen zu erlangen hoffst, spüren, wann immer du willst, auch jetzt sofort. Sobald du dies erkennst, verändert sich das, was du dir vom Leben wünschst. Die Gründe, die hinter deinen Manifestationen stehen, sind dann andere. Du begehrst nur noch das für dein Leben, was ihm etwas hinzufügt, und versuchst nicht mehr, einfach nur die Löcher zu stopfen. Diese Leere gibt es in Wahrheit gar nicht: Du bist bereits geliebt, du bist schon ganz, und du bist längst vollständig.

Keine Beziehung, kein Job, kein Gegenstand kann das für dich erreichen. Wenn wir wissen, dass wir ganz sind, unabhängig davon, was geschieht oder was wir in unserem Leben besitzen, dann fließt unsere Energie in einem friedlicheren, hochfrequenteren und vertrauensvolleren Strom. Und vergiss nicht, wo befindet sich Frieden auf der Skala? Genau, ganz oben. Verdammt attraktiv.

Wenn du dich durch dieses Buch hindurcharbeitest und langsam klarer erkennst, was du willst, dann stell dir die Frage, welche Energie sich hinter deinen Wünschen verbirgt. Sollen die Dinge, nach denen du dich sehnst, dafür sorgen, dass du dich vollständig fühlst? Willst du ein Loch damit füllen? Willst du dich auf diese Weise geliebt fühlen? Verbirgt sich ein wie auch immer gearteter Mangel dahinter? Erinnere dich: Mit Mangel als Ausgangspunkt ist Manifestieren zum Scheitern verurteilt. Solltest du also jemanden suchen, damit du dich geliebt fühlst, dann liebe dich selbst. Wenn du auf der Suche nach dem Gefühl von Sicherheit bist, dann finde diese Sicherheit in dir. Hol dir deine Macht zurück.

Prinzip 2:

Biete Selbstsabotage die Stirn

Gestatte es der höheren Version deiner selbst, zurück ins verdiente Rampenlicht zu treten.

Es gibt einen Teil von dir, der du nicht wirklich bist. Jedenfalls nicht dein wahres Ich. Es handelt sich um einen Aspekt von dir, der an alten Glaubenssätzen und Traumata festhält, um dich vor Zurückweisungen und potenziellem Versagen zu schützen. Bestimmt hast du schon einmal vom Ego gehört und davon, dass man ausschließlich sein Ego lebt. Psycholog*innen bezeichnen das Ego als kritische Instanz, Coachende den inneren Kritiker oder unsere Schattenseite. Damit meinen sie aber dasselbe. Wie ich bereits erwähnte, nenne ich das Ego gerne meine Selbstsabotage-Susanne. Ich habe Freund*innen, die ihm den Namen Dave gegeben haben; auch du darfst dein Ego so taufen, wie es dir gefällt. Wenn ich höre, dass sich Susannes Stimme über die meine erhebt, dann weiß ich, dass ich mich mit meiner Schöpferkraft entgegensetze.

Wie merken wir, ob unser innerer Kritiker das Sagen hat? Das lässt sich leicht feststellen. Die innere Kritikinstanz ist diese laute Stimme, die dich permanent anzuschreien scheint. Sie treibt dich ununterbrochen an, deine eigene Bedeutung unter Beweis zu stellen, und drängt dich, deine Überlegenheit über andere zu zeigen. Außerdem ist sie oft auch diejenige, die dich von etwas abhält oder es dir verbietet. Sie ist verantwortlich für einen Großteil unserer selbstzerstörerischen Gedanken und für unser Gefühl von Wertlosigkeit. Wie konnte ich nur so dumm sein zu glauben, ich könnte etwas Großartiges erreichen? Unsere Schattenseite beschäftigt uns mit Gedanken an Dinge, die wir nicht haben oder nicht bekommen, und veranlasst uns dazu, unsere Vorhaben in unserem eigenen Kopf zu zerreden. Sie genießt unsere Selbstzweifel, Disziplinlosigkeit und unser Jammern. Sie tut alles dafür, damit wir in unserem Schatten bleiben.

Es klingt so, als sei unser Ego eine echtes Miststück, ich weiß. Aber es verhält sich nicht deshalb so, weil es dich nicht mag oder verhindern will, dass du erfolgreich bist. Die Aufgabe deines Egos ist, deine Sicherheit zu gewährleisten. Es liebt alles Vertraute und lehnt alles Unbekannte ab oder die Situationen, die für dich riskant sein könnten. Tatsächlich hat dein Ego also durchaus reine Absichten. Doch leider hält es dich damit auf einer niederfrequenten Ebene und bringt dich dazu, dein kraftvolles Selbst zu vernachlässigen und einzuschränken.

Dein höheres Selbst hat eine viel leisere Stimme. Es leuchtet hell auf, wenn es im Scheinwerferlicht steht, doch braucht es das Licht nicht und verzehrt sich auch nicht danach. Es gibt leise Antworten, die nur aus einem Wort, aus einem Ja oder einem Nein, bestehen. Dein höheres Selbst ist das Bauchgefühl, das wir uns oft nicht erklären können. Es lässt uns spüren, dass es reines Wissen ist. Dein höheres Selbst ist dein Glanz.

Wenn ich Frauen im Rahmen ihres Business coache, begegnen mir zwei wiederkehrende Themen: Genau dann, wenn sie alles vorbereitet haben, um ein neues Produkt oder Projekt zu lancieren, sabotieren sie sich selbst. Irgendwie lassen sie es zu, dass sich ihnen Schwierigkeiten in den Weg schieben. Die Frauen werden krank, fallen zurück in alte Muster wie in negative Selbstgespräche oder Panikattacken oder stecken in irgendeiner schmerzhaften Situation ihres Lebens fest. Das alles mit der Absicht, lieber auf Nummer sicher zu gehen und besser auf Sichtbarkeit zu verzichten. Und rate mal, was dann passiert? Wenn die Sabotage funktioniert, dann haben sie alle erforderlichen Beweise erbracht, um ihre ursprünglichen, eingeschränkten Glaubenssätze, denen zufolge sie eines erfolgreichen eigenen Unternehmens eben doch nicht wert sind, zu untermauern. Und damit kehrt der Zyklus wieder zurück zum Anfang und ist bereit für die nächste Runde.

Wie also können wir die Stimme des inneren Kritikers überwinden? Hier kommt der Trick. Im umgekehrten Fall würde dich deine Selbstsabotage-Susanne anweisen, deinen Gegner zu schlagen, und genau das musst du auch mit ihr tun: *Schlag sie!* Doch es geht nicht wesentlich darum, sie zu vernichten – du musst sie nicht hassen. Immerhin ist sie dort, wo sich auch deine größten Ängste befinden. Stattdessen sollten wir sie besänftigen, sie umprogrammieren, uns bewusst machen, dass sie sich einmischt, und sie wissen lassen, dass es in Ordnung ist, sich für die glänzendere Version des eigenen Selbst zu entscheiden. Danach musst du dein höheres Selbst fördern, damit es selbstbewusst seinen rechtmäßigen Platz im Licht einnehmen kann.

Nachfolgend stelle ich dir vier Möglichkeiten vor, um dich von deinem inneren Kritiker zu befreien und um deine höhere Version zu unterstützen, die ja weiß, wie mächtig du bist.

BEWUSST ZU WERDEN BEFREIT DICH!

Wir haben bereits gesehen, welche Rolle erlangtes Bewusstsein spielt, wenn du dich befreien willst, um ein*e epische*r Manifestierer*in zu werden. Allein schon über dieses Prinzip zu lesen, könnte dir die eine oder andere Erkenntnis verschafft haben, weil du nun die Stimme deines inneren Kritikers wiedererkennst. Es ist wichtig, dir bewusst zu machen und zu identifizieren, auf welche Weise dich ihre Kommentare ausbremsen. Deshalb ist es so sinnvoll, deinem inneren Kritiker einen Namen zu geben. Deshalb Susanne.

Um es einfach auszudrücken: Sobald wir uns unserer Selbstsabotage-Susanne bewusst werden, sind wir frei. Bewusstsein und Susanne können nicht nebeneinander existieren. Mit dieser Einsicht hat man doch etwas in der Hand, oder?

MACH DIR DEINEN INNEREN KRITIKER BEWUSST

Die Existenz deines inneren Kritikers anzuerkennen, reicht aus, damit du zu deinem wahren Selbst zurückfindest:

- Gib ihr oder ihm einen Namen.
- Bei welcher Gelegenheit erhebt er/sie gerne die Stimme?
- Wovon rät er/sie dir üblicherweise, besser die Finger zu lassen?
- Gibt es einen bestimmten Bereich in deinem Leben wie vielleicht Beziehungen oder Gesundheit, auf der sie/er gerade dann gerne herumhackt, wenn die Dinge gut laufen?

Sei dir morgen und in den nächsten Tagen ganz besonders deiner Selbstsabotage-Susanne bewusst. Achte darauf, in welchen Bereichen sie sich vor allem gerne ins Spiel bringt. Sobald du sie bemerkst, sprich in Gedanken zu ihr und sag: »Danke, aber nein danke.« Mit anderen Worten: Zeige ihr mit einem höflichen Zunicken deine Dankbarkeit dafür, dass sie da ist, um dich zu beschützen, dass du aber gerade ihren Schutz nicht brauchst und es ihr gerne mitteilst, wenn sich das wieder ändern sollte.

MACH DIR DAS FREMDE VERTRAUT, UND VERSTÄRKE DIE STIMME DEINES HÖHEREN SELBST

Unser Geist ist darauf programmiert, dass wir das Vertraute lieben und das Unbekannte ablehnen. Wenn wir uns auf den Weg machen, unserem höheren Selbst zu folgen, dann lösen wir damit Selbstsabotage-Susannes Alarmsystem aus und versetzen sie in Panik. In der

Folge tut sie alles, was sie kann, um uns zu beschützen. Wir haben ja schon mitbekommen, auf welche Weise sie Vertrautes bevorzugt und Unbekanntes zurückweist. Netter Typ? Abnehmen? Ernsthafter Beziehungspartner? Beruflicher Erfolg? Um Himmels willen, nein, das hat es bisher noch nie gegeben! Also weg damit! Doch je mehr du den Gedanken, Glaubenssätzen und Verhaltensweisen deines höheren Selbst den Vorzug gibst, umso kräftiger und widerstandsfähiger wird dieser erwünschte Teil von dir und tritt immer selbstbewusster ins Rampenlicht.

Kürzlich fand ich mich in einer Situation wieder, die früher einmal ein gefundenes Fressen für meinen inneren Kritiker gewesen wäre. Eine schmerzhafte Situation aus meiner Vergangenheit hob ihren hässlichen Kopf, und ich fiel zurück in ein Verhalten, das mir nur allzu vertraut war. Die Folge: Ich versank in Selbstmitleid, geriet in Selbstzweifel, gab den anstürmenden negativen Gedanken nach und überließ mich meinem ausgewachsenen Selbstsabotagemodus.

Solche Rückfälle kommen übrigens immer wieder einmal vor. Ich disse oder schäme mich wegen solcher Episoden nicht. Es gehört zum Heilungsprozess, die dazugehörigen Emotionen zu spüren und sich selbst Raum für den Schmerz zu geben. Wenn jemand dir unrecht tut, dich hintergeht oder dich nicht respektiert, dann *darfst* du traurig sein. Probleme entstehen erst, wenn wir in solchen Traumata verharren und länger leiden, als ihr Ablaufdatum es rechtfertigt.

Früher hätte eine solche Situation mich vernichtet. Inzwischen gestatte ich es mir, die dazugehörigen Gefühle in all ihrer Tiefe zu empfinden. Auch dieses Mal habe ich urplötzlich innerhalb von nur 48 Stunden erkannt, dass meine Selbstsabotage-Susanne gekommen ist, um das Terrain für sich zu beanspruchen. Dann geschah etwas Wunderbares: Weil mir meine innere Kritikerin bewusst wurde, war ich frei von ihr. Ich erkannte, dass ich die Rolle des Mädchens mit dem gebrochenen Herzen im Unterbewusstsein mag, weil ich mit ihr vertraut bin. Ausgerüstet mit diesem Wissen, kann etwas sogar noch Schöneres geschehen: Mein höheres Selbst übernimmt die Führung und dirigiert mich und die anderen Beteiligten in eine neue Richtung. Mein höheres Selbst entscheidet, die Situation als Lektion des Universums zu interpretieren, mit der die Aufmerksamkeit auf sein Wachstum gelenkt werden soll. Statt sich heulend auf dem Sofa einzurollen, wollte sich mein höheres Selbst lieber hinsetzen und dieses Buch zu Ende schreiben. Es entschied sich für Glück und Erfüllung statt Trauer und Leid. Mein höheres Selbst kehrte zurück auf seinen rechtmäßigen Platz und in seine Kraft – und stand auf, um zu leuchten.

Je häufiger du mit deinen neuen Verhaltensweisen, Gedanken und Glaubenssätzen Anspruch auf dein Leben erhebst, umso vertrauter und normaler werden sie für dich werden. Je besser du dein höheres Selbst pflegst, umso leichter wird es zum Hauptdarsteller in deinem Leben. Je weiter du aufsteigst, umso häufiger wirst du dich, wenn du vor der Wahl stehst, für die hochfrequenten Möglichkeiten, Glaubenssätze und Verhaltensweisen entscheiden. Dein höheres Selbst nimmt dich an der Hand und führt dich zurück zu deinem Licht.

INNERER KRITIKER KONTRA HÖHERES SELBST

Schnapp dir ein Blatt Papier, und lege eine Tabelle mit zwei Spalten mit den Überschriften »innerer Kritiker« und »höheres Selbst« an. Reflektiere Situationen in deinem Leben, in denen dein kritisches Selbst die Hauptrolle gespielt hat. Trag in die eine Spalte ein, wie dein innerer Kritiker die Situation einschätzen würde, und in die andere, welche Schlüsse dein höheres Selbst ziehen könnte.

Nachfolgend ein Beispiel dafür, wie ich meine Selbstsabotage-Susanne anspreche, wenn sie mich davon abhält, meinen Traum vom selbstständigen Arbeiten zu verwirklichen.

Innerer Kritiker Hält mich aus Angst davon ab, mich selbstständig zu machen.	*Höheres Selbst* Wird aktiv, und sei es anfangs mit kleinen Schritten, um meinen Traum zu verwirklichen.
• Zwingt mich, in einem Job auszuharren, den ich nicht mag.	• Umgibt mich mit anderen Selbstständigen, um mich zu inspirieren.
• Glaubt an die Behauptung, dass Selbstständigkeit zu riskant sei.	• Fühlt sich durch die Herausforderung angespornt und weiß: Angst kann Antrieb sein.
• Ist überzeugt von der Unausweichlichkeit meines Scheiterns.	• Ignoriert Vorurteile anderer gegen Selbstständigkeit, weil es sie als Projektion erkennt.

Erkennst du den Unterschied? Selbst schon die zweite Version zu lesen, ist fesselnder, und es kommt einem merkwürdig vor, dass wir uns häufig freiwillig auf die Version des Kritikers einlassen. Aber das musst du nicht. Es steht dir frei, dich für die Glaubenssätze und Handlungen deines höheren Selbst zu entscheiden.

Probier es aus, und finde heraus, wie es sich anfühlt. Allein all das, was dir dabei bewusst wird, ist es wert. Doch verpflichte dich wenigstens für 24 Stunden, nur im Sinne deines höheren Selbst zu handeln.

GEWÖHNE DICH DARAN, DICH GUT ZU FÜHLEN

Deine Manifestationsfähigkeit hängt weitgehend davon ab, wie leicht es dir fällt, dich gut zu fühlen. Wenn du gute Dinge anziehen möchtest, dich aber nicht wohl damit fühlst, wenn es dir gut geht, dann kann es nicht funktionieren, und du wirst dich deinen eigenen Manifestierungen entgegenstemmen. Als Empfänger für gute Dinge wirst du attraktiver, wenn du dich zuvor auf ein gutes Lebensgefühl ausrichtest. Susanne mag es nicht, wenn du dich gut fühlst, weil du dann Risiken eingehst, und Risiken führen dich ins Unbekannte und ihre Aufgabe ist es ja genau, dich (davor) zu beschützen. Trotzdem hast du es verdient, dich gut zu fühlen.

Leider haben wir für die meiste Zeit unseres Lebens Susanne ihren Willen gelassen und deshalb vergessen, wie wir uns mit uns selbst gut fühlen können. Um die Wahrheit zu sagen, es ist uns nicht einmal mehr angenehm, uns gut zu fühlen. Unsere Sucht nach Angst, Mangel und der Opferrolle bedeutet, dass wir auch dann, wenn uns Gutes zustößt, alles in unserer Macht Stehende tun, um zu den Mustern, Situationen und Rollen zurückzukehren, die uns Sicherheit garantieren. Wir sind auf merkwürdige Weise zufrieden damit, unzufrieden zu sein.

Wie werden wir besser darin, uns gut zu fühlen? Auch hier lautet die Antwort wie bei allen erwünschten Veränderungen: Wir müssen den Muskel trainieren. Je mehr Gewicht wir stemmen, umso stärker werden wir. Je besser du deinen Geist davon überzeugst, dass dieser Glückszustand nicht nur ungefährlich, sondern sogar gut ist, weil er gute Dinge ermöglicht, umso leichter gelangt er zu der Überzeugung, dass er das richtige Verhalten unterstützt.

REZEPT FÜR HOCHFREQUENTES

Nachfolgend mein Rezept für Wohlgefühl. Es ist sehr einfach:

1. Werde mehr in Bereichen aktiv, die dir ein gutes Gefühl geben, nimm zum Beispiel ein neues Hobby auf, werde kreativ, tanze, singe oder lese.
2. Verbringe mehr Zeit mit Menschen, die dazu beitragen, dass du dich gut fühlst.
3. Wenn du dich einmal nicht gut fühlst, dann sei nicht gleich wütend auf dich – damit erzeugst du nur noch mehr Negativität.

KONZENTRIER DICH AUF GUTES

Entschließe dich, einen Tag lang komplett auf jegliche Selbstsabotage zu verzichten. Falls du dich dabei ertappst, dass du etwas tust oder denkst, was in dir keine guten Gefühle auslöst, dann mach es dir bewusst und wähle einen neuen Gedanken, ein anderes Verhalten. Verpflichte dich nur für den heutigen Tag, dich ausschließlich mit Verhaltensweisen, Menschen und Erfahrungen zu umgeben, die dazu beitragen, dass du dich gut fühlst. Was wäre das Schlimmste, was geschehen könnte? Dass du dich morgen vielleicht wieder ätzend fühlst? Wenn du erkennst, wie gut du dich fühlst, dann versuch das Gefühl erst zwei, dann drei Tage lang aufrechtzuerhalten. Ehe du dich versiehst, wirst du gar nicht mehr üben müssen.

Bitte mach dir klar: Mein Vorschlag zielt nicht darauf ab, dass du ununterbrochen glücklich sein sollst. Es geht auch nicht darum, einen solchen Zustand rund um die Uhr beizubehalten. Ich will keinerlei Druck auf dich ausüben. Glaub es oder nicht, aber unser Job ist es nicht, permanent glücklich zu sein. Emotionen sind dazu da, dass wir sie spüren – jede einzelne von ihnen. Ihr Auf und Ab ist normal. Unser Ziel ist es nicht, unsere Unzufriedenheit bloßzustellen oder zu unterdrücken. Vielmehr wollen wir mit ihr gemeinsam an unserem Vorankommen arbeiten und sie davon abhalten, unser Leben ganz zu beherrschen. Es geht darum zu akzeptieren, schwierige Gefühle auszuhalten, während du dich zugleich mit den Tools ausstattest, um deine Kraft zurückzuerlangen. Es geht darum zu wissen, dass du jederzeit die Macht hast, dein Leben hin zum Besseren zu wenden.

ENERGIEBOOSTER FÜR DEN ALLTAG

Das nachfolgende Mantra ist meine tagtägliche sichere Bank. Immer, wenn mir auffällt, dass ich negativen Gedanken nachgehe, dann sage ich mir das Mantra so lange laut vor, bis ich es meine und spüre, wie sich meine Energie verlagert:

»Ich LIEBE es, mich gut zu fühlen; es fühlt sich gut an, wenn ich mich gut fühle; ich bin es wert und verdiene es, mich gut zu fühlen.«

Prinzip 3:

Kenne deine Wünsche

Teile dem Universum unmissverständlich mit, was du willst, damit es dich entsprechend beliefern kann.

Möglicherweise hast du dieses Buch mit einer klaren Vorstellung davon in die Hand genommen, um welche Elemente du dein Leben bereichern möchtest. Vielleicht hast du auch nichts Bestimmtes im Sinn. Vielleicht geht es dir wie mir, dass ich zwar dachte zu wissen, was ich wollte, im Nachhinein aber feststellte, dass es doch nicht das war, was ich mir wünschte.

Wenn du nicht genau weißt, was du willst, und diesen »Wunsch« dann dem Universum übermittelst, dann überlässt du es ihm, deine Unklarheit zu interpretieren. Stell dir vor, was passieren würde, wenn du im Restaurant die Frage des Kellners nach deiner Bestellung unbeantwortet ließest. Oder noch schlimmer, du würdest doch nicht den Burger bestellen, wenn du die Pizza möchtest, oder? Um das zu bekommen, was du dir wünschst, musst du erst eindeutig wissen, worum es sich handelt, und dann Wege finden, um es genau zu beschreiben – und dich auch wohl damit fühlen, wenn du darum bittest. In der Bitte um das Gewünschte liegt große Kraft. Manchmal fühlt es sich an, als erstelle man ein Visionboard und manchmal, als ginge man die Straße entlang und man würde das Universum laut darum bitten. Es stimmt, ich habe dem Universum schon oft sehr laut meine Wünsche vorgetragen. Das tue ich sogar ständig. Es folgen sieben erprobte Methoden, um deine Wünsche klarer zu erkennen und um diese Klarheit mit dem Ziel einzusetzen, deine Träume zu verkünden und mit dem Verwirklichen zu beginnen.

LERNE DICH KENNEN

Um zu erfahren, was du wirklich vom Leben willst, musst du zuerst mit dir selbst besser Bekanntschaft machen. Wie tickst du? Was ist dir wichtig? Wodurch fühlst du dich geliebt, fröhlich, erfreut, verspielt, gut? Und natürlich: Was löst die gegenteiligen Gefühle in dir aus? Wenn du Antworten auf diese Fragen hast, dann kannst du gesunde Grenzen ziehen und Enttäuschungen vermeiden, denn du verstehst dich selbst gut genug, um zu wissen, was du willst. Das Beste, was du für dich tun kannst, ist deine eigene Person wirklich gründlich kennenzulernen.

WER BIST DU?

Stelle dir die folgenden Fragen, damit du dein wahres Ich kennenlernst:

- Bei welchen Aktivitäten fühle ich mich richtig gut?
- Welche Dinge, Themen, Personen und Erfahrungen sind mir wichtig?
- Welche Stärken und Schwächen habe ich als Person?
- Wie sieht eine gesunde Freundschaft, Partnerschaft für mich aus?
- Worüber würde ich gerne mehr erfahren, in welchem Gebiet mich weiterbilden?

ERSCHAFFE EINE VISION

Wenn du keine Ängste hättest und nicht von Bedenkenträgern umstellt wärst, was würdest du dir dann aus tiefstem Herzen für dich wünschen? Niemand beobachtet oder beurteilt dich; hier sind nur du und ich und diese Seiten, du kannst also getrost träumen. Was ist es, das du so sehr begehrst, dass du es in dein Leben rufen möchtest? Ein neues Auto? Einen besseren Job? Einen neuen Partner? Du hast die Möglichkeit, jeden Lebensbereich zu befragen oder dich an einer Zeitachse entlangzuhangeln.

WAS WILLST DU WIRKLICH?

Nimm dir Zeit, um in dich zu gehen und herauszufinden, welche Erfahrungen, Gefühle und Besitztümer du wirklich in dein Leben holen willst.

Schreib dir auf, was du im Privatleben, im Beruf, in deinen Beziehungen, im Zusammenhang mit deiner Gesundheit und deinen Finanzen in den nächsten sechs Monaten, im nächsten Jahr, in den nächsten zwei bis fünf Jahren erleben möchtest. Hier sollst du klotzen, nicht kleckern! Jetzt ist nicht die Zeit für Bescheidenheit. Tue so, als seien dir keine Grenzen gesetzt und als könntest du alles erreichen – denn so ist es tatsächlich!

SEI VERDAMMT GENAU

Wenn du willst, dass das Universum mit dir zusammenarbeitet, dann reicht es nicht aus, nur zu sagen, ich will den Job, das Auto oder diese Beziehung. Wenn du dir einen neuen Wagen wünschst, dann musst du wissen, welche Marke er sein soll, welche Farbe er haben, wie er im Inneren ausgestattet sein soll. Wenn du einen neuen Job willst, einen, der dich erfüllt, wie müsste er beschaffen sein? Geht es dir um flexiblere Arbeitszeiten, höhere Bezahlung, mehr Freiheiten, größere Entwicklungsmöglichkeiten? Sei genau, denn die Details sind der Auslöser der Magie.

Vielleicht suchst du nach einem neuen Partner? Falls das zutrifft und du es dabei belässt, dann könntest du einen totalen Idioten abbekommen. Glaub mir, wenn ich dir sage, dass die Einzelheiten der entscheidende Faktor sind. Mach dir ein genaues Bild davon, welche Art Person dir vorschwebt. Welche Gefühle soll sie in dir auslösen?

Welche Eigenschaften haben? Welche kleinen Dinge soll sie tun, damit die Partnerschaft für dich zu einer Traumbeziehung wird? Wünschst du dir einen liebevollen, treuen, fürsorglichen, lustigen, freundlichen oder/und großzügigen Partner? Wie willst du dich mit ihm fühlen? Welche Erfahrungen willst du mit ihm zusammen machen? Erinnere dich daran, vernachlässigst du die Details, dann entscheidet der Kellner für dich. Je genauer du bist, umso mehr Informationen hat der Kellner – aka das Universum – und umso leckerer kann er deine Speisen zubereiten lassen.

GELANGE UNTER DIE OBERFLÄCHE

Du musst nicht nur herausfinden, was du *wirklich* willst, sondern dir auch Klarheit über deine *tatsächlichen* Motive verschaffen. Die meisten Menschen, die mit dem Manifestieren beginnen, setzen zunächst die üblichen Dinge auf ihre Wunschliste – neues Auto, großes Haus, mehr Geld, eine Beziehung. Oftmals jedoch gibt es darunterliegende und überraschende Gründe dafür, warum wir uns diese Dinge wünschen. Nimm dir einen Moment Zeit, um dich zu fragen, welche Energie hinter deinen Wünschen verborgen ist. Warum willst du einen anderen Job? Vielleicht, weil du nach Aufstieg oder höherem Status suchst? Wieso wünschst du dir eine neue Beziehung? Weil du dich geliebt fühlen willst? Wozu brauchst du wirklich einen neuen Wagen? Damit andere dich dafür bewundern und dir damit Bestätigung zeigen, oder weil du eben schöne Autos liebst? Sei ehrlich mit dir selbst.

Vergiss nicht, wenn du ein Loch füllen willst oder meinst, dich auf irgendeine Weise vervollständigen zu müssen, dann kannst du damit keine Manifestationsenergie anziehen. Vielmehr verlagerst du mit deiner eigenen Energie dein Glück nach außen und bringst zum

Ausdruck: »Nur, wenn ich diese Dinge bekomme, kann ich glücklich sein.« Diese Ebene taugt nicht als Abschussrampe für die Träume, die du verwirklichen möchtest. Sollte die Motivation hinter deinen Herzensbedürfnissen ein Empfinden von Unvollständigkeit sein, dann sendest du niederfrequente Schwingungen aus und das macht dein Vorhaben extra schwer. Solltest du, nachdem du dir diese Fragen gestellt hast, zu der Erkenntnis gekommen sein, dass du deine Wünsche hast, eben weil dir etwas im Leben fehlt, dann ist das auch okay – im nächsten Schritt erfährst du, wie du darauf reagieren könntest.

WIE WIRD ES SICH ANFÜHLEN?

Hier findet die eigentliche Magie statt. Wenn du dein Manifestieren beschleunigen willst, dann ist die Klarheit im Hinblick auf die *Dinge*, die du dir wünschst, wichtig. Wesentlich wichtiger ist jedoch die Klarheit, die du über deine *Gefühle* hast, denn sie sind die aktivierende Kraft hinter deiner Manifestationskraft. Als ich nachforschte, *warum* ich gerade das wollte, was ich wollte, erkannte ich, dass ich damit bestimmte Dinge deutlicher zu *spüren* hoffte. Ich hatte die Hoffnung, dass ich mich *mit* den gewünschten Objekten geliebt, sicher und erfüllt fühlen würde. Kurz gesagt: Ich wollte aus einem Mangelgefühl heraus manifestieren, weil ich auf das konzentriert war, was mir fehlte. Damit war ich für die von mir gewünschten Dinge unattraktiv. Doch statt darauf zu warten, dass uns unsere Manifestierungen »vervollständigen« und in uns bestimmte Gefühle hervorrufen, sollten wir lieber für uns selbst manifestieren. Auf diese Weise sind wir für mehr Gutes attraktiv.

Sobald wir Antworten auf unser Warum gefunden haben, können wir unsere Energie und unsere Aufmerksamkeit auf das bereits *existierende* Gefühl fokussieren und aktiv *mehr davon* in unser Leben zu holen versuchen. Wenn du dir beispielsweise eine Beziehung wünschst, weil du dich danach sehnst, geliebt zu werden, dann lautet die Frage: Wie gelingt es dir, das Gefühl Liebe häufiger in deinem Leben zu verkörpern? Könntest du dich möglicherweise auf die Liebe konzentrieren, die du bereits mit Freund*innen und Familienmitgliedern teilst? Könntest du mehr davon in dein Leben holen, indem du dich selbst stärker liebst? Könntest du beim Anblick von Liebenden lächeln in dem Wissen, dass dir dies auch offensteht, statt dich bitteren Gefühle zu überlassen? Sobald du dein Leben mit Liebe anfüllst, wirst du für die Liebe immer attraktiver.

Unsere Gefühle lenken unser Leben. Beim Manifestieren Gefühle als Ausgangspunkt zu wählen, wirkt wie ein Turbo für deine Manifestationskraft und beschleunigt den Prozess. Wenn du etwas empfindest, dann meint dein Geist, das Gewünschte existiere bereits, und du wirst attraktiv und empfänglich für noch mehr. Hier eine Anmerkung: Sobald dir diese Zusammenhänge klar werden, verändert sich alles mit dem, was du dir wünschst. Ja, ich habe *Dinge* manifestiert – die Traumkarriere, flexible Arbeitszeiten, einen guten Kontostand, das hübsche Haus, die großartigen Freundschaften. Das alles ist wunderbar. Doch ich konnte alle diese Wünsche nur verwirklichen, weil ich mich dabei auf Freude, Liebe, Glück, Frieden und die Fülle fokussiert habe, die in meinem Leben bereits existierten, und indem ich ermittelte, wo ich noch mehr von diesen Emotionen einbringen konnte.

VISUALISIEREN UND VERKÖRPERN

Jetzt hast du also Klarheit geschaffen und bist ins Detail gegangen. Du weißt, was und warum. *Jetzt musst du es noch spüren, sehen und sein.* Visualisierung gehört zu den wirkungsvollsten Tools, um das anzuziehen, was du haben willst, weil sie es dir gestattet, die ganze Essenz dessen zu erfahren, was du anlocken möchtest. Wenn du deine gesamte Energie und all dein Denken auf das ausrichtest, was du jetzt in der Realität hast, dann erhältst du nur mehr von dem, was bei dir bereits vorhanden ist. Erst durch Visualisierung können wir die Person werden, die wir sein wollen, und das neue Leben, das wir anziehen wollen, spüren, sehen und sein. Unser Geist liebt Bilder, und die Verwendung einer Bildersprache hilft uns, jene reizvollen Emotionen zu aktivieren, die wir empfinden wollen, und das perfekte Gegenstück zum Gewünschten zu werden. Je häufiger wir diesen inneren Film ablaufen lassen, umso deutlicher zeichnet sich der Weg in unserem Geist ab und werden diese neuen Bilder und Gefühle in unser Unterbewusstsein einzementiert, damit wir neue mächtige und positive Geschichte hervorbringen, an die wir rückhaltlos glauben. Es gibt zwei gute Möglichkeiten, Visualisierungen nutzbringend einzusetzen.

Ein Visionboard anfertigen: Das ist eine visuelle Darstellung all der Gefühle, Erfahrungen und Besitztümer, um die du dein Leben bereichern möchtest. Indem du ein Visionboard mit Abbildungen anfertigst, die deine Emotionen ansprechen, und sie dort platzierst, wo du sie täglich betrachten kannst, probst du mental und verkörperst die Klarheit und die Gefühle, die für dich wünschenswert sind. Du brauchst nichts weiter als Texte, die beschreiben, was du willst und wie du dich dabei fühlen möchtest, und Bilder von den Dingen, die du dir wünschst und die du auf eine Platte oder auf einem Karton klebst. Vergiss nicht Bilder und Zitate auszuwählen, die sich auf die *Gefühle* richten und in dir weitere inspirierende Emotionen auslösen.

Meditation: Durch diese maßgebliche Methode kannst du dich mit deinem höheren Selbst verbinden und dein Traumleben visualisieren. Wenn wir meditieren, dann geben wir uns den Raum und die Gelegenheit, um im gegenwärtigen Augenblick still zu sitzen, um unser Tempo zu drosseln, unsere widerständigen Gedanken loszulassen, uns von unserer To-do-Liste zurückzuziehen und, indem wir uns auf unser wahres Selbst ausrichten und mit ihm verbinden, Körper und Seele gleichermaßen mit Frieden zu erfüllen. Der Aufenthalt in diesem frei geräumten Ort der Stille gestattet es uns, wieder in einen empfänglichen Zustand zu gelangen, in dem unsere Kreativität hervorbricht und die aufrichtigen Wünsche unseres Herzens hörbar werden. Während sich dein Geist und dein Körper entspannen und sich von negativen Gedanken befreien, ist es eine wirkungsvolle Herangehensweise, deine Meditation mit Visualisierungen zu verbinden, um dir zu einer konkreten Vorstellung von deinen Wünschen zu verhelfen und sie entsprechend spürbar zu machen. Deine inneren Bilder, Affirmationen und Intentionen sind besonders mächtig, wenn sie Raum bekommen und genug Ruhe haben, um für dein Unterbewusstes wirklich sichtbar, hörbar und fühlbar zu werden.

Ich habe eine geführte Meditation entwickelt, die dich darin unterstützt, das zu visualisieren, was du für dein Leben willst, und zu spüren, wie es sich anfühlt, wenn dein Wunsch in Erfüllung geht. Du kannst sie für jeden Lebensbereich nutzen oder deiner Fantasie freien Lauf lassen, damit sie dich führt, wohin sie will. Gehe spielerisch mit ihr um, und lass deiner Fantasie die Zügel schießen. Es mag sich zu Beginn verrückt anfühlen, doch je häufiger du dich in den von dir geschaffenen Rahmen stellst, um zu sehen und die Geschichte zu erzählen, umso besser kannst du an sie glauben. Du hast die Kraft, das zu erschaffen, wovon du träumst.

AUF DIE PLÄTZE, FERTIG, BITTE!

Hier kommt das letzte und wichtigste Teilstück des Puzzles: Bitte um die Erfüllung deiner Wünsche. Während wir ständig sehr subtil in unseren Gedanken, Gefühlen und Verhaltensweisen um irgendetwas bitten, können wir uns auch direkt an das Universum wenden. Ich meine damit, den Wunsch laut auszusprechen, aufzuschreiben, zu verkünden, Gebete für seine Verwirklichung zu deklamieren – alles, was immer sich für dich richtig anfühlt. Doch lass vor allem den letzten Teil nicht aus: Zeig dem Universum, dass du empfangsbereit bist. Ich erinnere mich noch sehr genau an einen Urlaub, in dem mir bewusst wurde, dass ich ununterbrochen den Partner visualisierte, den ich mir wünschte, dabei jedoch nicht ein einziges Mal konkret um ihn bat. Ich ging spazieren, steckte mir die AirPods in die Ohren, damit es nicht so aussah, als führte ich Selbstgespräche, sondern dass ich telefonierte, und begann eine Unterhaltung mit dem Universum. Ich erklärte, wie ich mir vorstellte, wie dieser Mann aussehen, sich verhalten und welcher Art seine Schwingung sein sollte. Zwei Stunden später stand er vor mir. Genau so, wie ich ihn beschrieben hatte. Es war fast schon lächerlich. Zwar heiratete ich den Typen am Ende doch nicht – das hätte eine tolle Geschichte abgegeben! –, aber ich hatte erkannt, wie mächtig es sein kann, wenn man einfach um etwas *bittet*. Bitte, und es geschieht fast sofort.

Prinzip 4:

Ändere dein Denken, beobachte dein Reden

Unsere Fähigkeit,
die eigenen Gedanken
auszuwählen, ist
wichtigster Bestandteil
unserer Kraft.

Wir haben festgestellt, wie mächtig unsere Worte und Gedanken sind, wenn es um die Manifestierung unserer Realität geht. Unsere Aufgabe besteht nun darin, unsere alltäglichen Gedanken so zu verändern, dass sie so positiv wie möglich werden.

Vielen Menschen misslingt das Manifestieren, weil sie ihre Erfahrungen zu verändern versuchen, ohne zuvor ihr Denken und ihr Glaubenssystem zu modifizieren. Problematisch ist hier, dass unsere Wunscherfüllungen, wenn wir sie überhaupt zustande bringen, nicht von Dauer sein können, weil ihnen das Unterstützungsnetzwerk fehlt, das sie an Ort und Stelle hält. Wenn Gutes unseren Weg kreuzt, dann finden wir eine Möglichkeit, es abzuweisen, weil wir tief im Inneren weiterhin daran glauben, nicht würdig zu sein, weil wir unsere Gedanken und unser Unterbewusstsein noch nicht neu verdrahtet haben.

Ich will dir etwas sagen: Kein Gedanke bleibt ungehört. Nicht die, von denen du meinst, sie vollkommen lautlos geäußert zu haben. Auch nicht jene, die du als Witz abtust und deshalb für dich nicht zählen. Jeder Gedanke wird gehört. Sie alle erreichen deinen Geist. Wenn du die Welt durch Susannes Brille betrachtest und über sie und dich wie Scheiße sprichst, dann wird sich nie irgendetwas verändern. Die Feen der Manifestierung werden meinen, dass dir deine unveränderte Lage gefällt, und dich deshalb auch nicht mit Gutem bestreuen.

Du willst loslegen und üppige hochfrequente Luxusausbeute machen? Dann musst du hochfrequent denken und handeln. Verpflichte dich zu neuen Verhaltensweisen, zu einer veränderten Sprache und Sichtweise. Das alte Geschwafel mit »Ich kann nicht ...«, »Ich bin nicht ...« und »Das wird nicht ...« muss aufhören. Die Wahrheit ist: Du kannst dir aussuchen, was du denken möchtest, während man etwas erlebt. Deshalb wollen wir den Gedanken, die dich glücklich machen, dich positiv und erwartungsvoll stimmen, mehr Raum geben. Richtig?

Als ich zwischen zwanzig und dreißig Jahre alt war, durchlebte ich eine Phase, in der ich mich besonders vernachlässigte. Im Gespräch mit einer Freundin bemitleidete ich mich selbst, weil mir nie irgendjemand etwas Nettes sagte. Ihre Antwort: »Schätzchen, und wann hast du dir zum letzten Mal ein Kompliment gemacht?« Ich wusste, worauf sie hinauswollte. Ich glaube, damals kam mir kein einziges nettes Wort im Zusammenhang mit mir selbst in den Sinn. In meinen täglichen Selbstgesprächen ging es vor allem darum, wie widerlich ich mich fand. Ich redete mit mir wie der letzte Dreck – und so, wie ich die Welt sah, war auch nicht viel besser. Ich jammerte über alles, was in meinem Leben schieflief und wie anstrengend ich alles fand. Meine Gesellschaft war eine große Freude, ich weiß.

Das Gespräch mit meiner Freundin brachte mich auf den Gedanken, mich jeden Morgen vor den Spiegel zu stellen und mir selbst zu sagen, wie hinreißend umwerfend schön ich mich fand. Natürlich übertrieb ich es und fühlte mich deshalb anfangs wie ein totaler Loser. Susanne reagierte schnell mit sarkastischen Kommentaren: »O Mann, das war cringe, du bist eben widerlich.« Es brauchte seine Zeit, bis sich diese Praxis auch nur im Geringsten normal anfühlte, aber mit der Zeit, nach endlosen Versuchen, fühlte ich mich dabei etwas weniger merkwürdig und fing an, mir zu glauben. Danach dauerte es nicht mehr lange, bis mir Leute Komplimente machten. Ich veränderte die Art, wie ich über mich dachte und sprach, wie ich über die Welt dachte und sprach, und meine Realität veränderte sich auf so vielen Ebenen.

Es ist nämlich so: Wenn du über etwas nachdenkst, dann befindest du dich nicht nur im Gespräch mit dir selbst, vielmehr teilst du auf diese Weise dem Universum mit, was du dir wünschst. Der Haken besteht darin, dass du alles verstärkst, worüber du mehr nachdenkst. Du ziehst das an, worüber du am meisten nachdenkst. Wenn du dich unablässig mit Dingen beschäftigst, die du nicht willst und magst, dann holst du sie in dein Leben. So simpel ist es. Folglich sollten wir dafür sorgen, dass die Gedanken und Worte, die wir verwenden, wenn wir mit uns selbst sprechen, so positiv wie möglich sind.

Hier folgt eine dreiteilige Formel, mit deren Hilfe du deine inneren wie äußeren Dialoge verändern kannst: erkenne, überarbeite, verstärke.

ERKENNE: WELCHE GEDANKEN KEHREN IMMER WIEDER ZURÜCK?

Fang damit an, dass du deine häufigsten Gedanken über das Leben und über dich und die von dir verwendeten Wörter identifizierst. Sobald du sie dir bewusst gemacht hast, öffnet sich die Tür, und du kannst eintreten in eine veränderte Geschichte. Sei aufrichtig mit dir, und übernimm die Verantwortung für die Gedanken und die Sprache, derer du dich bedienst.

SEI BEWUSSTER

- Was hältst du wirklich von dir?
- Welche Gedanken hast du regelmäßig im Zusammenhang mit Geld, Beziehungen, Liebe, Partnerschaft, Freundschaften, Gesundheit, Beruf?
- Welchen inneren Dialog führst du mit dir selbst?

- Wie würdest du dich selbst beschreiben?

- Welche Worte kommen in deiner Sprache immer wieder vor, wenn du über Dinge in deinem Leben redest? Beschreibst du Angelegenheiten auf eine positive Weise, oder zählst du rasch deine »Probleme« auf?

ÜBERARBEITE DEN GEDANKEN UND VERÄNDERE DAS NARRATIV

Nun, da du herausgefunden hast, welche wenig hilfreichen Gedanken du hervorbringst, musst du neue wählen und die Geschichte rund um deine Weltsicht umgestalten. Viele der angehenden Unternehmerinnen, mit denen ich zusammenarbeite, lassen sich von Ängsten einschüchtern, sobald sie die Veränderungen einleiten, die sie angehen müssen, um sich selbstständig zu machen. Wenn ich sie auffordere, mir ihre Befürchtungen und Gedanken in diesem Zusammenhang offenzulegen, dann laufen ihre Mitteilungen in der Regel auf folgende Punkte hinaus:

- Ich habe Angst, kein regelmäßiges Einkommen zu haben.
- Ich fürchte mich davor, meine Komfortzone mit geregelten Arbeitszeiten und Urlaubsgeld zu verlassen.
- Ich mache mir Sorgen darüber, was die Leute von mir denken könnten.

Was wäre, wenn sie eine andere Geschichte mit einer veränderten Perspektive auswählten? Wenn »Ich habe Angst, kein regelmäßiges Einkommen zu haben« zu »Ich finde es aufregend, dass ich ein praktisch unbegrenztes Verdienstpotenzial haben werde« würde? Oder wenn »Ich fürchte mich davor, meine Komfortzone mit geregelten

Arbeitszeiten und Urlaubsgeld zu verlassen« zu »Ich bin begeistert, weil ich jetzt meine Überstunden und meine Urlaubszeiten selbst bestimmen kann« würde? Macht die jeweils zweite Aussage nicht viel mehr Spaß? Du wählst selbst, wie und in welche Richtung du das Gespräch mit dir veränderst.

Diese Methode ist auf alles, nicht nur auf Ängste anwendbar. Auf das Narrativ und die Perspektive kann man in allen Lebensbereichen Einfluss nehmen. Wie wäre es, wenn du, statt etwas zu vermissen, die Erinnerung daran genießen würdest? Wenn du dich nicht darauf konzentriertest, wie sehr dich jemand verletzt hat, sondern stattdessen in Betracht zögest, was du von oder durch diesen Menschen lernen konntest? Und wie erginge es dir, wenn du Gedanken wie »Ich bin hässlich«, »Niemand liebt mich« oder »Ich bin es nicht wert« ersetzen würdest durch »Ich bin schön«, »Ich werde geliebt« und »Ich bin es absolut wert«?

ÜBERARBEITE DEIN GESPRÄCH

Stell dir für jeden Lebensbereich, den du verbessern willst, die folgenden Fragen:

- Wie spreche ich über dieses Thema, und welche Gedanken mache ich mir im Alltag dazu?
- Wie hat sich diese Denk- und Redeweise auf meine Realität ausgewirkt? Gibt es Erkenntnisse, die ich daraus gewinnen kann? Habe ich vielleicht die Möglichkeit zu wachsen?
- Wie könnte ich damit zusammenhängende Geschichten überarbeiten und verändern, damit sie eine positivere Perspektive wiedergibt?

Halte deine Antworten bereit für die nächste Übung »Ein Mantra am Tag hält schlechte Schwingungen fern«.

VERSTÄRKE DEINE NEUEN GLAUBENSSÄTZE

Nun müssen wir die neu gewonnenen Glaubenssätze verstärken, damit sie zu einem festen Bestandteil unserer Programmierung werden und das Alte ersetzen. Hier sind Wiederholungen entscheidend: Je mehr wir uns auf eine bestimmte Weise verhalten, sprechen und denken, umso tiefer kann sich die neue Geschichte verwurzeln. Je mehr positive Worte und Sprache in meine Alltagsdialoge Eingang fanden, umso tiefgreifender veränderten sich meine Schwingung und meine Realität. Erinnere dich an Menschen in deinem Leben, die dich inspirieren oder die erfolgreich sind; achte auf ihre Sprechweise und auf die Worte, die sie verwenden. Vermutlich reden sie nicht viel darüber, wie schwer, wie stressig und beängstigend das Leben sein kann. Im Gespräch mit sich selbst und anderen werden sie eher ihrer Freude über die Veränderung, ihrer Bereitwilligkeit zum Wandel und ihrem Interesse am Neuen Ausdruck verleihen.

Gleich nach Bildern reagiert dein Geist am besten auf starke Worte. Deine hochfrequente Schwingung wird aktiviert durch gewaltige, kühne und märchenhafte Vokabeln. Also gestalte deine Sprache so würzig wie möglich. Verwende aufregende, mitreißende Adjektive wie etwa: Ich bin extrem aufgeregt, ich bin super begeistert, ich bin mega inspiriert. Je positiver das Wort, umso höher dein Aufstieg.

EIN MANTRA AM TAG HÄLT SCHLECHTE SCHWINGUNGEN FERN

Am wirkungsvollsten kannst du deine Energie und dein Glaubenssystem durch Worte verändern, indem du Affirmationen und Mantras zum Einsatz bringst. Einfach formuliert sind sie nichts anders als äußerst ausdrucksstarke positive Aussagen, die deine Bereitschaft dokumentieren, dein Vertrauen und deinen Glauben noch zu steigern. Du kannst sie nutzen, um mit ihnen fassbar zu machen, wie du dich fühlen, was du gerne in dein Leben holen und was du der Welt mitteilen möchtest. Mit ihnen kannst du das Fundament deines Tages formen, um dich entsprechend auf deine Pläne auszurichten und natürlich um deine Energie jederzeit zu verändern. Entscheidend dabei ist, dass du die Affirmation so oft wie möglich wiederholst, bis du an sie glaubst und sie empfindest. Die Wiederholung der Worte verstärkt deinen Glauben und hilft dir, energetisch aufzusteigen, mehr Frieden, Klarheit und Zuversicht zu schaffen.

Verwende deine Antworten, die du auf die Fragen in dem Abschnitt »Überarbeite dein Gespräch« gegeben hast, und forme daraus drei positive Affirmationen, um mit ihnen deine neu entdeckten Glaubenssätze oder Denkweisen zu verstärken. Um eine Affirmation zu formulieren ...

- verwende immer eine positive Sprache, und vermeide es, die Angst beziehungsweise das Problem anzusprechen.
- äußere es immer in der Gegenwartsform und so, als sei es bereits verwirklicht.
- bringe immer deine Verbindlichkeit und Bereitschaft zum Ausdruck.

Wenn du dich an die beschriebene Herangehensweise hältst, kannst du mit deinen Affirmationen nichts falsch machen. Solange es sich für dich gut anfühlt, sie laut auszusprechen, bist du dabei. Gib nicht schon nach ein paar Durchgängen auf – entscheidend ist die Zahl der Wiederholungen.

Sprich die neuen Affirmationen mehrmals täglich laut aus. Schreibe sie auf Klebezettel und verteile sie überall in deiner Wohnung, um dich möglichst oft an sie zu erinnern. Beobachte, wie die Frequenz deiner Schwingung ansteigt.

Prinzip 5:
Lass alles los, Mädel!

Verabschiede dich
von derjenigen Version
deiner selbst, die nicht
will, dass du strahlst.

Wir Menschen haben die wunderbare Fähigkeit, uns festzubeißen. Leider klammern wir uns jedoch auch an solche Dinge, die uns nicht dienen und uns stattdessen ausbremsen – erinnere dich an deine Susanne, der es vor allem um deine Sicherheit geht. Also halten wir uns hartnäckig und um des lieben Lebens willen an dem fest, bei dem wir sicher sein können, dass es uns vor Gefahr, Verletzungen und Zurückweisungen bewahrt. Wir möchten das Gefühl haben, die Kontrolle zu haben. Dabei übersehen wir jedoch, dass wir unter diesen vermeintlich optimalen Umständen leider jegliche Magie oder die Entfaltung neuer Narrative verhindern. Indem wir uns auf das Gepäck der Vergangenheit versteifen, bringen wir unser Wachstum und alles zum Scheitern, was wir uns für die Zukunft wünschen. An frühere Zeiten festzuhalten sorgt zwar für Sicherheit, aber eben auch für die Weiterführung des Immergleichen in der Gegenwart. Doch wir müssen Platz schaffen für das Neue.

Lange Zeit war ein Teil meiner selbst sehr zufrieden in der Opferrolle. Ich hatte es mir in dem Narrativ bequem gemacht und wusste es auszufüllen. Ich klammerte mich an all den Schmerz, die Traumata und an den Menschen fest, die mich verletzt hatten. Ich schaffte es nicht, mich von dieser alten Version meiner selbst zu befreien. Warum nicht? Weil ich mich so unwohl damit fühlte, wenn es mir gut ging und ich die höhere Version meiner selbst war.

Selten verwenden wir Zeit auf den Abstoßungs- und Trauerprozess, der unverzichtbar ist, wenn wir uns von ausgedienten Teilen unseres Glaubenssystems und unserer Identität lösen wollen. Ein Hauptgrund dafür, dass wir unser Manifestieren verlangsamen oder blockieren, ist unsere fehlende Bereitschaft, uns von der alten Version unserer selbst und von all dem zu verabschieden, an dem wir uns so hartnäckig festkrallen und das unsere Schwingung in niedrigen Frequenzen verharren lässt. Natürlich kann es beängstigend sein und uns sogar überfordern, wenn wir etwas, auf das wir uns so viele Jahre lang gestützt haben, loslassen sollen. Es ist nicht unbedingt einfach, eine neue Realität oder ein neues Glaubenssystem zu schaffen und sich seinem höheren Selbst anzuvertrauen – dazu muss vorher ein Teil von dir absterben, und du musst bereit dazu sein, dich von ihm zu verabschieden.

Doch wenn du wirklich wachsen und alle die wunderbaren Dinge herbeirufen willst, von denen du jetzt weißt, dass du sie dir wünschst, dann musst du dich dazu durchringen, das Alte, das dir im Augenblick im Weg steht, loszulassen. Das vollständige Paket, nicht nur die negativen Gedanken. Auf den folgenden Seiten beschäftigen wir uns mit einigen der Elemente, die uns ausbremsen können, und mit Möglichkeiten, die uns zur Verfügung stehen, um mit ihnen fertigzuwerden.

KEIN JA MEHR, WENN DU EIGENTLICH NEIN MEINST

Ich war die Königin der Gefallsüchtigen. Ich tat alles dafür, um gemocht zu werden. Dass ich Ja sagte, obwohl jede Faser meiner selbst Nein schrie, hinderte mich daran, alles das zu manifestieren, was ich eigentlich verwirklichen wollte. Es verwirrt das Universum, wenn wir Ja sagen, obwohl wir Nein meinen. Jedes Mal, wenn du dich mit etwas zufrieden gibst, blockierst du dich. Und das gilt für Jobs, Beziehungen, Freundschaften, einfach für alles. Entscheidend ist, dass du deine individuellen Grenzen und Werte klar vor Augen hast.

Jedes Mal, wenn du Ja sagst und es auch wirklich meinst, hebst du deine Schwingung an. Bei jedem Nein, das du auch wirklich so meinst, hebst du deine Schwingung an und teilst dem Universum mit, dass du es ernst meinst und keine Spielchen mit den Dingen treibst, die du nicht willst. Doch immer dann, wenn du Ja sagst, obwohl du tief im inneren Nein meinst, senkst du deine Schwingung. Dein Selbstwertgefühl schaltet einen Gang zurück. Du sagst der Welt, dass du das, dem du gerade zugestimmt hast, nicht wirklich willst. Erinnerst du dich an unseren netten Kellner? Würdest du es akzeptieren, wenn er dir Huhn vorsetzte, obwohl du Lachs bestellt hast? Wenn ja, wolltest du denn dann überhaupt wirklich Lachs?

Sei dir über das im Klaren, was bei dir auf keinen Fall verhandelbar ist. Mit welchen Dingen bist du bereit, dich zu arrangieren, und welche akzeptierst du ganz klar nicht? Untersuche jeden Bereich deines Lebens und finde heraus, welche deine Grundwerte sind. Welche Verhaltensweisen tolerierst du oder eben nicht? Wenn du auf diese Fragen für dich sichere Antworten findest, dann fällt es dir leichter, deine Werte zu kommunizieren und die Red Flags auch zu erkennen, wenn sie in die Höhe schnellen, weil deine Grenzen in Gefahr sind.

Bitte beachte hier, dass es kein Falsch oder Richtig gibt, sondern es geht um deine persönlichen und individuellen Vorstellungen. Beispielsweise könntest du eine alleinerziehende Mutter sein und die Beteiligung deines neuen Partners an der Erziehung deines Kindes aus der vorangegangenen Beziehung als eine zwingende Voraussetzung für die Beziehung empfinden. Oder möglicherweise suchst du eine neue Stelle, aber für dich ist es unverzichtbar, dass du um 17 Uhr das Büro verlässt, damit du dich um deine Familie kümmern kannst. Vielleicht kannst du dich aber damit arrangieren, an einem Tag pro Woche später nach Hause zu kommen.

Dir Klarheit zu verschaffen über das, was für dich unverhandelbar ist, und über solche Voraussetzungen, die du gerade noch tolerieren kannst, ist entscheidend, wenn du vorhast, dir ein Leben einzurichten, das du liebst. Das Wissen um diese Zusammenhänge wird dir helfen, bessere Entscheidungen zu treffen, deine Bedürfnisse deutlicher zu kommunizieren, nur das zu akzeptieren, was du wirklich willst, und Nein zu dem zu sagen, was mit deinen eigenen Bedürfnissen und Vorstellungen nicht in Einklang zu bringen ist.

WORÜBER LÄSST DU NICHT MIT DIR VERHANDELN?

Überprüfe jeden einzelnen Bereich deines Lebens wie beispielsweise Beziehungen, Beruf und Freizeit, und erstelle eine Liste mit Überschriften wie etwa den folgenden:

Beziehungen:

- Wichtig für mich:
- Unverhandelbar:
- Verhandelbar:

Trage unter diesen Rubriken in Stichpunkten ein, was du unter keinen Umständen tolerieren und was du noch akzeptieren kannst.

Dabei ist selbstverständlich klar, dass du keine Rechenschaft dafür ablegen musst, wenn du Nein sagst. Und du brauchst dich deshalb auch nicht bei irgendjemandem zu entschuldigen. Ziehe mit Liebe und Freundlichkeit klare Grenzen, ohne dich dafür zu rechtfertigen, dass du dir und deinen Werten Vorrang einräumst.

DEIN KÖRPER WEISS BESCHEID

Solltest du aufgefordert werden, irgendetwas zu tun, was du nicht tun willst, oder dich in einer Situation wiederfinden, die nicht deinem Besten dient, dein Körper wird es immer wissen. Frage das nächste Mal kurz bei ihm nach, wenn du im Begriff bist, Ja zu sagen, obwohl es sich irgendwie falsch anfühlt. Schließe die Augen, spüre in deinen Körper hinein, und finde heraus, ob die Antwort wirklich Ja lautet oder ob du es gerade nur anderen recht machen willst. Wenn du in deinem Körper kein uneingeschränktes rückhaltloses Ja wahrnimmst, dann ist es ein Nein.

Hier sind ein paar Fragen, die du dir stellen kannst, um mit ihrer Hilfe deine Grenzen zu überprüfen:

- Wo in meinem Leben gebe ich mich mit Lösungen zufrieden, denen kein Ganzkörper-Ja vorausgegangen ist?
- In welchen Bereichen meines Lebens begnüge ich mich mit einer halbherzigen Version dessen, was ich eigentlich will?
- Tue ich etwas, das sich nicht in Übereinstimmung befindet mit dem, was ich zuvor als meine persönlichen Wünsche erkannt habe?
- Verfüge ich jetzt über die emotionale und physische Kapazität, um das zu leisten, was von mir verlangt wird?
- Ist diese Situation in Übereinstimmung mit meinen Wünschen?
- Fühle ich mich wohl mit der Vorstellung, etwas Bestimmtes umzusetzen?
- Ist mein Ja aufrichtig, oder stimme ich zu, um gemocht zu werden?

SCHMERZ, WUT UND TRAUMA LOSLASSEN

Es ist an der Zeit, meine Liebe, all die Wut, den Hass, Groll und Schmerz und damit alle die Emotionen loszulassen, an denen du dich bisher festgehalten hast. Mir ist klar, wie tief du verletzt wurdest und wie verwundbar, verängstigt und traurig du deshalb bist. Du kannst mir glauben, dass ich das weiß. Aber daran festzuhalten dient nicht deinem höheren Selbst. Ich hatte jahrelang Angst davor, diese Gefühle ziehen zu lassen, aber als ich es dann tat, hat es mein Leben zum Guten gewendet.

Vergebung: Sie wird dich wahrhaftig befreien. Ich bin mir dessen bewusst, dass man dieses Wort am allerwenigsten hören will. Doch es stimmt. Du bestrafst nur dich selbst, indem du denjenigen nicht vergibst, die dir Verletzungen zugefügt haben – und dazu zählt auch alles, was du dir selbst angetan hast. Vergebung ist das Gegenmittel gegen Hass. Du rettest vor allem dich selbst und weniger andere, indem du vergibst.

Verkünde sie: Schreib auf ein Blatt Papier alle die schmerzhaften Erfahrungen, die du loslassen und vergeben willst, und verbrenne das Blatt. Zünde es an, und verbanne es, während du noch auf die Flammen blickst, aus deinem Geist.

LASSE DEN SCHMERZ LOS

Hier ein paar Stichworte, mit deren Hilfe du deine Bereitschaft erklären kannst, den Schmerz loszulassen und Vergebung zu praktizieren:

- An welchen negativen Situationen willst du dich nicht mehr länger festhalten?
- Welche vertrauten Dinge möchtest du vergessen?
- Welche selbstzerstörerischen Verhaltensweisen willst du endlich beenden?
- Zu welchen Situationen willst du in Zukunft Nein sagen?
- In welchen Bereichen deines Lebens kannst du dir selbst vergeben?
- Wem kannst du vergeben?
- An welchem Schmerz klammerst du dich bisher noch immer fest, für den jetzt der richtige Zeitpunkt gekommen ist, ihn loszulassen?

Es geschieht etwas Magisches, wenn wir uns von Altem befreien und etwas sein lassen. Damit gestatten wir Dingen jenseits von allem, was wir uns vorstellen können, für uns möglich zu werden.

VERABSCHIEDE DICH VON DEINEM BEDÜRFNIS NACH KONTROLLE

Wir lieben es, wenn sich die Dinge nach unseren Vorstellungen entwickeln. Wir verbringen unendlich viel Zeit damit, die Art und Weise zu überdenken, vorwegzunehmen und im Vorfeld zu mikroorganisieren, wie Ereignisse ablaufen sollen oder, was noch schlimmer ist, ablaufen *sollten*. Doch wenn wir alle Einzelschritte kontrollieren, dann lassen wir keinen Spielraum, in dem sich Magie oder zufällige, unerwartete Großartigkeit ereignen kann. Tatsächlich erreichen wir, wenn wir auf der Kontrolle beharren wollen, lediglich, dass wir alles mit unserer Energie ersticken. Was wir eigentlich wollen, weisen wir zurück, weil wir zu einem Gegenstück von Niederfrequentem geworden sind. Wenn wir besessen davon sind, ein Ergebnis zu kontrollieren, dann treiben uns Angst und Sorge an, weil das richtige Ereignis *ausbleiben* könnte. Erfolgreich aber sind wir nur dann, wenn wir es zulassen, dass sich etwas sogar noch Besseres als das Erwartete ereignet.

Eines der GRÖSSTEN Geheimnisse des Manifestierens beinhaltet, dass du aufhören musst, über das Wie, Wer, Was, Wann und Warum zu bestimmen – und es einfach dem Universum überlassen sollst, dir, so wie es möchte, das Gute zu bringen, um das du gebeten hast. Es ist nicht dein Job, die Kontrolle zu haben. Dein Job ist es, Klarheit zu schaffen über das, was du willst, und ausgerichtet auf deine höchste Schwingung zu leben. Wenn du dort angekommen bist, kannst du loslassen in dem Wissen, dass du das vollkommene Schwingungsgegenstück bist für alles. Das Wie kannst du getrost dem Universum überlassen.

Prinzip 6:
Werde gut darin, das Gute zu sehen

Wenn wir uns auf all das Gute fokussieren, das wir haben, dann ziehen wir mehr davon an.

Wenn wir uns mit unseren Wünschen auseinandersetzen, dann bleiben wir zuletzt nur allzu leicht an den Einzelheiten hängen, die wir *nicht* wollen. Wie oft schon hast du dir etwas gewünscht und dich anschließend, statt dir auszumalen, wie es wäre, wenn dein Verlangen befriedigt würde, doch wieder nur mit deinem Unglücklichsein darüber beschäftigt, dass du das Gewünschte noch nicht hast? Oder bist du vielleicht sogar darüber in Panik geraten, dass du es möglicherweise niemals haben wirst? Die Mehrheit der Menschheit investiert ihre Energie lieber in das Problem als in das angestrebte Ergebnis. Beispielsweise wünscht sich jemand einen neuen Job, weil er es hasst, wie anstrengend und langweilig der aktuelle ist. Das ist total normal und begegnet mir andauernd. Doch wer dann seine ganze Energie in seinen Hass auf diesen ungeliebten Job investiert, der wird seine Situation nicht verbessern und sich nie in der ersehnten glänzenden neuen Rolle wiederfinden. Den neuen Job bekommt man, wenn man die Vorstellung, auf einem neuen Arbeitsplatz etwas zu bewegen und mit ihm zu wachsen, und die einhergehenden Herausforderungen aufregend findet. Dann fließen deine Energie und dein Augenmerk in die Gefühle und Emotionen, die du haben möchtest, nicht in das, was dir gerade eben nicht gefällt.

Vergiss nicht, das Universum hat seine Ohren immer weit aufgesperrt, und du manifestierst ständig. Stell dir vor, dass du dir sehnlichst eine erfüllte Partnerschaft wünschst, doch jedes Mal, wenn du einen potenziellen Partner erwähnst, sprichst du immer nur darüber, dass du hoffnungslos verliebt bist und dass Beziehungen so kompliziert sind und immer mit Liebeskummer enden. Und was tust du da? Du fokussierst deine ganze Energie und deine Gedanken auf das, was du nicht hast, was nicht da ist, was dir nicht offensteht. Was sagst du damit dem Universum? Bitte liebes Universum, schick mir nicht meinen idealen Partner; Beziehungen sind zu stressig!

Unser Ziel beim Manifestieren ist es zu denken, wie aufregend wir die Aussicht finden, Liebe und Freude in unserem Leben zu haben, oder wie wir es nicht erwarten können, der Welt von unserem neuen Unternehmen zu erzählen. Diese Herangehensweise wird uns in die richtige Schwingung versetzen, um unsere Wünsche zu manifestieren. Bedenke jedoch:

- Es wird dir nicht gelingen, ein gesundes Verhältnis zu deinem Körper zu entwickeln, wenn du darauf fokussiert bist, wie sehr du ihn eigentlich hasst.
- Du wirst nicht reich werden, wenn du immer nur darüber sprichst, wie wenig Geld dir zur Verfügung steht.
- Es wird dir nicht gelingen, einen erfüllenden Traumjob zu finden, wenn du dich ausschließlich darauf konzentrierst, wie sehr du deinen derzeitigen Job hasst.
- Du wirst niemals den richtigen Partner anziehen, wenn du das Gefühl hast, immer nur bei der falschen Person zu landen.
- Du wirst kein Glück der Welt heraufbeschwören, wenn du deine Aufmerksamkeit ausschließlich auf die Probleme in deinem Leben richtest.

Anders ausgedrückt, du kannst etwas Erwünschtes nicht manifestieren, wenn du dich mit all deiner Energie und Zeit auf dessen Abwesenheit konzentrierst. Nur das, worauf du dich fokussierst, kann wachsen. Folglich müssen wir mehr Energie und Zeit in die guten Dinge investieren.

WIE MAN SICH GROSSARTIG FÜHLT UND DAS ANZIEHT, WAS MAN SICH WÜNSCHT

Jetzt folgt meine Formel für ZUFRIEDEN, für das absolute Wohlgefühl. Eine Schritt-für-Schritt-Anleitung, wie du mehr Energie in das Gute in deinem Leben investieren kannst und die Verantwortung dafür übernimmst, wohin du deine Kraft lenkst, damit du für die Dinge, die du dir wünschst, attraktiver wirst.

Z – ZELEBRIERE DEN REIZ!

Gelingt es dir, statt dich auf die existierenden Probleme zu konzentrieren, deine Aufmerksamkeit auf den Reiz zu richten, den es bedeutet, wenn sich dein erwünschtes Ergebnis und alle die anderen wunderbaren Dinge in deinem Leben einstellen würden? Freude an allem zu haben, was du tust, ist einer der Wege zu allem, was du dir für dein Leben wünschst. Wenn du dich statt der Angst vor dem Neuen seinem Reiz zuwendest und dich auf all das Aufregende konzentrierst, das dir zuteilwerden könnte, dann bist du das Gegenstück all der Träume, die du verwirklichen willst.

U – ÜBE, DICH SO ZU FÜHLEN, ALS SEI ES BEREITS DA

Stell dir vor, du müsstest nicht auf das warten, was du brauchst, damit du dich auf eine bestimmte Weise fühlst. Genau, wenn du erst weißt, warum du das willst, was du willst, dann kannst du entscheiden, dich schon jetzt so zu fühlen, als sei es längst da. Wenn du dich nach einer erfüllten Beziehung sehnst, kannst du dich dann so fühlen, als hätte sich dein Wunsch bereits verwirklicht? Wie würdest du dich in diesem Fall verhalten? Wie würdest du dich fühlen? So zu tun, als sei deine ersehnte Realität bereits gegenwärtig, ist ein kraftvolles Tool, um zu manifestieren, was du willst. Schon möglich, dass du dir anfangs albern dabei vorkommst, aber es schaut ja keiner zu. Als ich meine ersten Schritte zu meiner Selbstständigkeit unternahm, blockierte ich meinen Kalender mit unzähligen Terminen und einer Warteliste, die ich tatsächlich gar nicht hatte, und zwei Monate später gab es eine Warteliste. Solche Tricks funktionieren, das kannst du mir glauben!

F – FUNDAMENTAL IST DIE ANPASSUNG DES UMFELDS

Es ist von entscheidender Bedeutung, dein Umfeld an das anzupassen, was du willst. Wenn du dich an das hältst, was bei dir für ein gutes Gefühl sorgt, schützt du deine Energie. Umgebe dich mit Menschen, die dich zum Strahlen bringen und mit denen du Ziele und Visionen teilst. Pflege in deinen sozialen Feeds insbesondere Kontakte zu Personen, die dir ein gutes Gefühl verschaffen oder dich inspirieren. Stolz auf dein Umfeld und deine äußere Erscheinung zu sein, entscheidet darüber, wie gut du dich fühlst und deshalb auch, was du manifestieren kannst.

Ich sehe es jeden Tag in meiner Nachbarschaft und in meinen Communitys. Wenn Frauen sich in unsere Kurse einschreiben, dann schließen sie lebenslange Freundschaften mit Menschen, denen sie unter anderen Umständen vielleicht niemals begegnet wären. Weil diese Frauen gemeinsame Visionen, Werte und Ziele haben, entsteht Magie. Übernimm die Verantwortung für die Faktoren, die dein Energiefeld verunreinigen, und setze dich ihnen so wenig wie möglich aus.

R – RICHTE DEINEN BLICK AUF DAS JETZT

Mehr im Jetzt zu leben, sorgt unmittelbar für Freude. Wenn du dir Sorgen machst über Probleme, die vielleicht in der Zukunft auftauchen könnten, und vorwegnimmst, was möglicherweise als Nächstes kommt, dann verkörperst du eine niederfrequente Schwingung. Indem du Schwierigkeiten vorhersiehst, sorgst du für ihre Entstehung. Wenn du auf das fixiert bist, was in der Vergangenheit alles entstanden ist, dann verpasst du die Freude am Moment. Leute – das Jetzt ist alles, was wir haben! Die Vergangenheit ist vorbei, die Zukunft ist noch nicht hier, aber der Moment, in dem du dich im Augenblick gerade befindest, gehört dir. Warum also willst du ihn verschwenden, indem du über das nachdenkst, was nicht war, oder über das, was sein könnte?

I – INSZENIERE DANKBARKEIT ALS DEINE ALLERBESTE FREUNDIN

Dankbar für das zu sein, was du bereits hast, ist das beste Rezept, um noch mehr Gutes anzuziehen und um auf das zu verzichten, was du unbedingt zu brauchen meinst. Man kann so leicht die kleinen Dinge übersehen, die uns ein Lächeln ins Gesicht zaubern. In welcher Situation du dich auch gerade befindest, Gutes ist in Reichweite und mehr in Vorbereitung; es gibt immer etwas Gutes, auf das man sich fokussieren kann. Beschäftige dich mit diesem Positiven, konzentriere dich darauf, wertschätze alles, wofür du dankbar bist, und achte darauf, dass du diesen Dingen mehr Aufmerksamkeit schenkst als all dem anderen, das fehlt.

DANKBARKEITSÜBUNG

Noch bevor ich morgens meine Beine aus dem Bett schwinge, formuliere ich, worauf ich mich freue. Und wenn ich abends zu Bett gehe, bedanke ich mich für das, was an diesem Tag alles gut gelaufen ist. Das kannst du auch, es dauert nur einige kurze Augenblicke.

Probier es jetzt aus, damit du weißt, wie es sich anfühlt. Geh im Geiste alle die Dinge durch, auch die kleinen, für die du heute in diesem Augenblick dankbar bist, oder schreib sie auf. Ist irgendetwas für dich besonders gut gelaufen? Bist du dankbar für dein Zuhause? Oder für den Freund, der etwas Nettes für dich getan hat?

Wenn wir unsere Energie und Aufmerksamkeit auf unsere Dankbarkeit fokussieren, dann heben wir unsere Schwingung sofort an.

E – ERWARTUNGEN AUFGEBEN

Ausgezeichnet, wenn du eindeutig weißt, was du willst, welche Werte du hast und wo du deine Grenzen ziehst. Doch indem du von anderen erwartest, dass sie sich auf eine bestimmte Art und Weise verhalten sollen, gibst du deine Macht ab, und das ist ein sicheres Rezept für Enttäuschung. Gewisse Verhaltensweisen mögen wir tolerieren, andere nicht, doch vergiss nicht, dass deine Kraft immer bei dir bleiben soll: Du bist diejenige, die dein Bild malt, also behalte den Pinsel in der Hand, und gestatte es anderen nicht, in dir ein bestimmtes Gefühl auszulösen, wenn sie dir nicht auf deinem hohen Niveau begegnen. Ein Leben nach dem Prinzip »Alles, was hätte getan werden sollen« schränkt dich in deiner Manifestationskraft ein, weil es sich auf das fokussiert, was fehlt. Indem wir unsere

Erwartungen ablegen, verschaffen wir uns die Gelegenheit und geben die Erlaubnis, unsere Realität zu akzeptieren. Wenn wir uns davon befreien, dass sich Menschen auf eine bestimmte Weise verhalten sollen, dann können wir sie mögen, wie sie sind.

Das Gleiche gilt auch für dich selbst, meine Liebe: Hör auf damit, so hohe Erwartungen daran zu haben, was du leisten »solltest«, und gestatte dir, so zu sein, wie du bist.

D – DEFINIERE DICH ÜBER DEINE SIEGE

Wann hast du dir selbst zum letzten Mal auf die Schulter geklopft? Wir können so von dem Wunsch nach mehr gefangen sein, dass wir, wenn ein Ziel erreicht ist, über die Linie gehen, ohne uns überhaupt noch daran zu erinnern, dass es einmal unser Traumziel war. Unsere Siege zu zelebrieren sorgt dafür, dass wir uns unmittelbar gut fühlen und unsere Energie uns erhalten bleibt. Wenn wir uns und die Welt wirklich feiern, dann denken wir nicht mehr daran, dass noch etwas fehlen könnte, und befreien uns von mangelbasiertem Denken.

Am Ende einer Woche mache ich immer Bestandsaufnahme und schreibe auf, welche kleinen und großen Siege ich errungen habe. Wenn du auf diese Weise verfährst, dann vernachlässige nicht die kleinsten Fortschritte, denn sie sind es oft, die erst die größeren ermöglichen.

E – ENTZIEHE DICH DRAMEN UND DEN VORURTEILEN DES KLATSCHS

Früher einmal hatte ich eine Schwäche für eine Plauderei bei einem Glas Rosé. Zwar war der dabei ausgetauschte Klatsch unterhaltsam, doch zum Schluss fühlte ich mich immer irgendwie schlecht. Die Entscheidung, nicht mehr über andere und mich selbst zu urteilen und mich vom Klatsch und Tratsch fernzuhalten, war eine meiner besten Entscheidungen. Ich war mir gar nicht im Klaren darüber gewesen, wie viel Zeit und Energie ich in das Drama des Klatsches investiert hatte. Ich hatte es als normales Verhalten empfunden. Aber das ist es nicht. Jedenfalls dann nicht, wenn du dich mit den richtigen Leuten umgibst. Als ich anfing, die Verantwortung für meine Energie zu übernehmen, entzog ich mich Gesprächen, in denen es um Urteile, Drama und Klatsch ging, und spürte umgehend, wie viel besser ich mich fühlte. Auch wenn du selbst dich nicht am Klatsch beteiligst, dich allein damit zu umgeben, reicht aus, um deine Schwingung abzusenken.

N – NATÜRLICH BIST DU GENAU DA, WO DU SEIN SOLLST

Ein magischer Einfluss wirkt sich auf unsere Energie aus, wenn wir einfach daran glauben, dass unser Leben so, wie wir es kennen, das perfekte Timing hat und genau so ist, wie es sein soll. Wenn wir darauf vertrauen können, dann finden wir Frieden. Ich selbst entdeckte das, als ich aufhörte, alles durchschauen zu wollen, und das Universum einfach sein Ding machen ließ.

Prinzip 7:
Vertraue allem

Du wirst *immer* geführt und unterstützt.

Wir wollen den Tatsachen ins Gesicht sehen: Wenn wir etwas haben wollen, dann ist die schwierigste Sache daran das Warten. Kommt es auch wirklich? Wie kann ich es irgendwie beschleunigen? Sollte ich noch mehr visualisieren? Habe ich es dem Universum ausreichend laut mitgeteilt? Habe ich die Details genau genug beschrieben? Was wir hier tun, ist leider nichts anderes als zu misstrauen, zu blockieren und im Weg zu stehen.

Vertraue darauf, dass das Universum dich gehört hat und an der Verwirklichung deiner Wünsche arbeitet – vorausgesetzt, es ist das Richtige für dich und der Zeitpunkt stimmt. Dieser Schritt fällt uns am schwersten, aber es ist der wichtigste. Wenn du wirklich willst, dass deine Sehnsüchte sich schneller verwirklichen, dann musst du beginnen, mehr Vertrauen in dein Leben und in dich selbst zu haben.

Nicht daran zu glauben, dass die Verwirklichung unserer Träume auf dem Weg ist, stellt eines der größten Hindernisse dar. Unser mangelndes Vertrauen veranlasst uns, es mit der Arbeit zu übertreiben, zu grübeln und es allen recht machen zu wollen. Es bringt uns dazu, an Jobs, Beziehungen und Situationen festzuhalten, die uns nicht dienen, weil wir uns nicht vorstellen können, dass es da draußen noch Besseres für uns geben könnte. Wenn wir nicht im Einklang mit unserem Vertrauens leben, dann ist unsere Welt erfüllt von Angst, Unentschlossenheit, Verwirrung und Befürchtungen. Damit halten wir das Universum davon ab, uns das Gewünschte zu geben. Lernen wir jedoch zu vertrauen, erfüllt uns Frieden, weil wir wissen, dass die Erfüllung unserer Wünsche auf dem Weg ist. Und wenn wir die Synchronizität entsprechend feiern, dann versorgt uns die Welt weiter mit ihnen.

Hier folgen vier Möglichkeiten, wie du dein Vertrauen auf das Leben kultivieren kannst.

HALTE AUSSCHAU NACH DEM ZWINKERN

Natürlich spürst du nicht immer, dass du geführt wirst, und vielleicht glaubst du auch nicht an Wunder, aber es gibt sie. Sie ereignen sich überall um dich herum, an jedem einzelnen Tag werden dir Zeichen geschickt. Ich nenne sie das Zwinkern des Universums. Einige der wichtigsten Entscheidungen meines Lebens habe ich getroffen, weil ich einen Schmetterling gesehen habe oder eben nicht. Ich weiß, das hört sich verrückt an, aber das ist die Art und Weise, wie das Universum und ich miteinander kommunizieren, wie wir einander mitteilen, dass alles in Ordnung ist. Ich bitte um das Erscheinen eines Schmetterlings, wenn ich Klarheit oder Orientierung brauche, oder manchmal sehe ich einen als Bestätigung dafür, dass ich mich an einem Ort befinde, der sich für mich richtig anfühlt. Mit einem solchen kleinen Zwinkern sagt mir das Universum, dass ich auf dem richtigen Weg bin und unterstützt werde. An jedem entscheidenden Punkt in meinem Leben war ein Schmetterling in meiner Nähe. Jetzt gerade, während ich hier schreibe, lässt draußen ein kleines Mädchen einen Drachen steigen, der wie ein Schmetterling aussieht. Dieses Zwinkern, das einem mitteilt, dass man sich am richtigen Ort befindet, ist pure Magie.

Vielleicht glaubst du, dass du keine Zeichen erhältst, aber das liegt daran, dass du sie übersiehst. Das Universum findet immer Wege, um dir Botschaften zu überbringen und dich mit einem Zwinkern zu leiten. Wenn du dich für die Möglichkeit öffnest, dass das Universum mit dir spricht, dann nimmst du seine Zeichen deutlicher wahr.

WIE DU AN DICH GERICHTETE ZEICHEN FINDEST UND NUTZT

Schließe die Augen, und richte deine Aufmerksamkeit auf dein Herz. Frage: »Welches ist mein Zeichen?« Es könnte eine Zahl sein, ein Tier, eine Feder, alles ist möglich! Wenn es nicht zu dir kommt, dann mach dir deshalb keine Sorgen und grüble auch nicht zu sehr darüber nach. Bitte das Universum, dir in den kommenden Tagen dein Zeichen zu zeigen, danach lass los, vertraue und vergiss die Sache am besten wieder. Du wirst es erkennen, wenn du es siehst. Du könntest sogar mehrere Zeichen haben. Zu meinen gehört außer dem Schmetterling die Zahl elf, und ich nehme es auch als Fingerzeig, wenn ich Federn sehe.

Wenn du mit deinen Zeichen arbeitest, gibt es kein Richtig oder Falsch. Manchmal, wenn ich eine wichtige Entscheidung treffen muss, bitte ich das Universum, mir einen Schmetterling zu zeigen, falls ich auf dem richtigen Weg bin. Ab und an ersuche ich das Universum aber auch, mir zu bestätigen, dass ich unterstützt werde, und dann taucht ein Schmetterling vor mir auf. Immer dann, wenn ein Schmetterling in mein Gesichtsfeld flattert, nicke ich ihm zu, lächle oder erzähle einer Freundin davon, damit das Universum merkt, dass ich mich über das Zeichen freue.

Kein Zeichen zu sehen kann ebenfalls ein wichtiger Hinweis sein. Wenn du dich in einer Situation befindest, von der du weißt, dass sie dir nicht dient, und du bittest um einen Fingerzeig, ohne ihn zu erhalten, dann sagt dir das Universum: »Nein, meine Liebe, diesmal nicht!« Im Wesentlichen geht es darum, mit dem Universum ins Gespräch zu kommen. Sprich mit ihm, es hört dir immer zu.

Als ich an diesem Kapitel schrieb, schickte mir eine meiner Kursteilnehmerinnen eine Nachricht, um mir zu berichten, dass sie gerade an einem der Monatsmodule arbeitete und deshalb das Universum angefleht habe, ihr doch endlich ihr Zeichen zu zeigen. Innerhalb von Sekundenbruchteilen tauchte in ihrer Google-Suche die Abbildung eines Ortes auf, der für sie von größter Bedeutung ist. Wenn wir uns klar äußern, dann kann das Universum unsere Bitten äußerst schnell erfüllen.

DU WIRST IMMER UNTERSTÜTZT

Zeichen können auch in einer anderen Form eintreffen, die ich gerne als »kleines Schubsen« bezeichne. Es gab Zeiten in meinem Leben, da kam es mir wirklich so vor, als habe die Welt etwas gegen mich. Inzwischen habe ich erkannt, dass das, was sich für mich wie ein Shitstorm des Universums anfühlte, tatsächlich seine merkwürdige Art war, mir zu zeigen, dass Veränderungen erforderlich waren. Auf diese Weise teilte es mir mit, dass ich nicht auf dem mir bestimmten Pfad ging und nicht zuhörte. Es unterstützte mich von ganzem Herzen und zeigte mir einen neuen Weg.

Die Augenblicke, die sich wie heftige Ohrfeigen des Universums anfühlen, sind seine Art, dich aufzuhalten, dich in die richtige Richtung zu lenken oder dir zu zeigen, was du sehen musst. Ob es sich für dich so anfühlt oder nicht, das Universum ist trotzdem immer auf deiner Seite, hilft dir, heller zu leuchten, mehr zu wachsen, höher aufzusteigen. Hingebungsvoll unterstützt es dich darin, dich auf deine Kraft zu besinnen. Es will dich davon abbringen, dass du dich mit dem Status quo abfindest, und dazu veranlassen, das Leben zu führen, das du verdienst. Es unterstützt deine Entwicklung auf jede erdenkliche Weise und lenkt dich dorthin, wohin du gehen sollst.

Mir ist klar, wenn du gerade auf dem Boden liegst, wird es dir schwerfallen, all das zu glauben. Aber ich verspreche dir, eines Tages wirst du erkennen, dass die Zusammenhänge tatsächlich genau so sind, wie ich sie hier beschrieben habe.

Wenn das Universum dir den Boden unter den Füßen wegzieht, kannst du sicher sein, dass es dafür immer gute Gründe gibt. Stehen wir vor irgendwelchen Schwierigkeiten, haben wir sofort das Gefühl, die Welt habe sich gegen uns verschworen. Und wenn wir stattdessen nachforschen würden, welche Lektionen hier für uns zu lernen sind, wenn wir das Wachstumspotenzial entschlüsselten und den Heilungsbedarf ermittelten?

Wenn ich mitten in einem Problem stecke, unterstützen mich die beiden Sätze dabei, mich zu entspannen und wieder Vertrauen zu fassen:

1. Jeder ist ein*e Lehrer*in.
2. Probleme sind Wege, die zu Besserem führen.

Einmal musste mir das Universum einen ziemlich gewaltigen Schubs schicken, damit ich zuhörte, und diese Gelegenheit hat sich als großer Wachstumsschub erwiesen. Ich jonglierte mit zwei verschiedenen Tätigkeiten und schob die Entscheidung auf, welche der beiden mein Vollzeitberuf sein sollte. Ich war jeden Tag von früh um sechs Uhr bis morgens um zwei Uhr beschäftigt und ließ mir keinen Freiraum, um mich mit dem zu befassen, was ich verdrängte. Bis ich eines Tages beim Sport von einem Klettergerüst fiel und auf den Rücken knallte. Damit wurde mir im wahrsten Sinn des Wortes der Boden unter den Füßen weggezogen. Sechs Wochen lang konnte ich weder trainieren noch arbeiten. Ich konnte mich lediglich mit meinen Gedanken beschäftigen, mit den Entscheidungen, die ich immer wieder aufgeschoben hatte, und mit den dazugehörigen Ängsten, die ich verdrängt hatte. In diesem erzwungenen Freiraum machte ich die Schritte, die für meine berufliche Selbstständigkeit erforderlich waren, nach denen sich mein Herz verzweifelt sehnte und die mich genau dorthin führten, wo ich mich heute befinde. Das Universum hatte mir kleine Hinweise gesendet und mir den Kopf gewaschen, weil ich es übertrieben hatte. Da ich unbelehrbar war, hatte es keine andere Wahl gehabt, als mich spürbar auszubremsen.

In jeder Situation, auch in der dunkelsten, gibt es immer Licht. Ja, wir könnten Licht gar nicht anstellen, wenn nicht zuvor Dunkelheit herrschte. Wie wäre es wohl, wenn wir uns dieser Zusammenhänge immer bewusst wären? Würden wir uns dann niemals Sorgen über die Dinge machen, die schiefgehen können, weil wir wüssten, dass in jeder Herausforderung Wachstum, Heilung und die Möglichkeit einer besseren Richtung wohnen? Jeder Augenblick von Traurigkeit, jedes Hindernis, vor dem du dich wiedergefunden hast, jede Träne, die du vergießen musstest, hat dich zu dem Menschen geformt, der du jetzt bist. Alles Schwierige und Dunkle hat dich Lektionen gelehrt, hat dein Wachstum gefördert und dir deinen Weg gezeigt. Außerdem, und das zu erkennen ist besonders wichtig, hast du, was dir zugestoßen ist, deshalb erlebt, weil das göttliche Universum es so wollte.

Erinnere dich an die Zeiten in deinem Leben, in denen du dich überfordert, im Stich gelassen und nicht ausreichend unterstützt fühltest. Stell dir die Frage: Hat mich das in eine andere Richtung gelenkt? An einen besseren Ort? Wenn du das nächste Mal vor einer Herausforderung stehst oder wenn dich ein Problem quält, kannst du es dann aus dieser anderen Perspektive betrachten und erkennen, welche Gelegenheit zum Wachstum sich darin verbirgt? Welche Lektionen gibt es hier für dich zu lernen? Was ist das Gute, das du aus dieser Situation ziehen kannst?

VERZICHTE AUF DIE FANTASIE-ZEITACHSE

Ein ausschlaggebendes Moment des Manifestierens ist das Wissen, dass die Zeit immer auf deiner Seite ist und dass alles zum genau richtigen Zeitpunkt geschehen wird. Jedes Mal, wenn ich am Ende meiner Veranstaltungen, ob live oder online, Fragen zulasse, sind die Themen die gleichen: »Ich bin jetzt 24 und habe noch nie …«, »Ich bin 31 Jahre alt, aber …«, »Mit meinen jetzt 40 Jahren möchte ich …« Fast könnte man annehmen, dass das Alter der Fragenden im Zusammenhang mit etwas steht, was ihnen bisher vorenthalten wurde. Als würde ihnen die Zeit auslaufen oder als gäbe es einen wie auch immer gearteten Zeitplan, der eingehalten werden müsse, um auf Kurs zu bleiben.

Glaub es mir oder nicht, aber es gibt keinen vorausbestimmten Fahrplan, der festlegt, wann wir heiraten, ein Haus kaufen oder Erfolg im Beruf haben sollen. Ein solches Programm existiert nicht.

Wenn du meinst, dass deine Manifestierungen ausbleiben, obwohl du alle »Vorbedingungen« erfüllt und deine Glaubenssätze geändert hast, dann könnte es natürlich auch daran liegen, dass deine Zeit bisher nicht gekommen ist. Auch in meinem Leben gibt es Dinge, die ich mir wünsche und die ich noch nicht manifestiert habe. An manchen Tagen bin ich deshalb ungeduldig und gleite zurück in mein altes niederfrequentes Denken. Indem ich mich jedoch auf der tiefsten Ebene mit meinem Inneren verbinde, finde ich wieder zu dem Vertrauen darauf, dass alles im genau richtigen Moment passieren wird – und nicht eine Minute früher.

Manchmal sind die Dinge, die wir haben wollen, zu diesem Zeitpunkt einfach nicht für uns gedacht. Das bedeutet nicht, dass deine Fähigkeit zu manifestieren zu wünschen übrig lässt, es heißt nur, dass du jetzt noch nicht dafür bereit bist oder dass es bisher nicht auf dich eingestellt ist. Ja, vielleicht hat das Ausbleiben der Verwirklichung gar nichts mit dir zu tun oder sie befindet sich gerade in Vorbereitung. Bewahre dir dein Vertrauen darauf, dass dein Wunsch noch erfüllt wird. Zu den wichtigsten Voraussetzungen des Manifestierens gehört die Fähigkeit, loszulassen und darauf zu vertrauen, dass deine Wünsche erhört werden und dass die Erfüllung zu dir auf den Weg gebracht wird, sobald der richtige Augenblick gekommen ist.

VERTRAUE DARAUF, DASS DIE ERFÜLLUNG DEINES WUNSCHES EINGELEITET IST!

Wer sich erst seit Kurzem auf dem Weg des Manifestierens befindet, der neigt leicht zum »manischen Manifestieren«, wie ich das gerne nenne. Anfänger machen sich auf eine Weise an die »Arbeit«, die häufig übertrieben ist. Ob du es glaubst oder nicht, aber je mehr du deine Manifestierungen erzwingen willst und je mehr du dich auf deine Wünsche versteifst, umso weiter stößt du es von dir ab. Wenn wir etwas wirklich wollen, dann können wir sehr besessen davon sein. Doch damit verlangsamen wir den Prozess, weil unsere einhergehende und vielleicht wachsende Verzweiflung niederfrequente Energie verströmt. Ist dir schon einmal aufgefallen, dass Dinge viel länger dauern, je dringender du sie willst? Wenn du verzweifelt auf ein Ergebnis wartest oder besessen bist von einer Manifestierung, dann ist dein Ausgangspunkt Angst und Mangel. Du teilst dem Universum mit, dass du es ihm nicht zutraust, dass es das Gewünschte für dich geschehen lassen wird.

Wenn es dein Bedürfnis ist, dass dein*e Partner*in dir seine/ihre Liebe versichert, dass dein*e Chef*in dir erklärt, wie unverzichtbar du für ihn/sie bist, dass neue Kund*innen jetzt sofort deine Dienste in Anspruch nehmen, dann geht von deiner Bedürftigkeit eine niedrige Schwingung aus, und die Menschen in deinem Umfeld werden sich von dir energetisch eingeschränkt fühlen. Unbewusst werden sie dir Widerstand entgegenbringen, weil kein Mensch sich gerne von anderen kontrollieren lässt. Diese Konstellation begegnet mir bei meinen Klient*innen andauernd: Ihr verzweifeltes Begehren nach einem ganz bestimmten Ergebnis ist genau das, was seiner Verwirklichung im Weg steht.

Je besser es dir gelingt, von deinem Wunsch zurückzutreten, nachdem du ihn geäußert hast, geduldig zu warten und darauf zu vertrauen, dass für dich gesorgt wird, und vorausgesetzt, du erhältst deine hochfrequente Schwingung aufrecht, umso schneller bekommst du, was du willst. Ich kann dir gar nicht sagen, wie oft ich mir Klarheit über mein Begehren verschafft, es visualisiert und bekräftigt, positive Gefühle mit ihm verknüpft und es auf meinem Visionboard eingearbeitet habe, nur um dann doch in Panik zu geraten und mich darauf zu fixieren, weil es sich nicht innerhalb von fünf Minuten verwirklicht hat. Natürlich wurde mein Traum deshalb nicht wahr, weil ich mich in einem Zustand des Mangels und der Angst befand und erfüllt von Sorgen war. Meistens sind es genau die Dinge, die ich schon fast vergessen habe, die dann ein paar Monate oder auch manchmal erst ein Jahr später exakt so eintreffen, wie ich sie mir ursprünglich gewünscht habe. Es ist tatsächlich die Ablösung, die das möglich macht.

Überprüfe deine Wünsche: Bist du auf sie fixiert? Denkst du jeden Tag an sie? Wirst du angetrieben von Ängsten, und zweifelst du daran, dass ihre Erfüllung dein Leben bereichern wird, oder vertraust du darauf, dass ihre Manifestierung auf dem Weg ist?

Glaub mir, das Universum hat dich gehört. Was für dich bestimmt ist, wird dich erreichen. Was du bis dahin durchgemacht hast, hat dir geholfen und dich stärker gemacht. Menschen betreten dein Leben genau dann, wenn der richtige Zeitpunkt gekommen ist, und sie verlassen es wieder, wann sie es sollen. Deine Wünsche sind auf dem Weg zur Erfüllung. Lehn dich zurück, und genieße die Fahrt.

MANTRAS, DIE HELFEN, DEM UNIVERSUM ZU VERTRAUEN

Hier folgen einige Mantras, die dein Vertrauen fördern. Wiederhole sie immer und immer wieder. Schreibe sie auf Klebezettel, und platziere sie überall dort in deiner Wohnung, wo sie dir ins Auge fallen.

- Ich vertraue darauf, dass ich mich auf dem richtigen Weg befinde und dass sich alles so ereignet, wie es soll.
- Ich weiß, dass ich gefahrlos loslassen und dem Leben seine Entfaltung selbst überlassen kann, dass mit Hingabe Frieden kommt.
- Ich erkenne, dass ich mich durch meinen Wunsch nach Kontrolle und Beschleunigung der Führung entgegenstelle und sie blockiere. Stattdessen entscheide ich mich zu vertrauen.
- Ich glaube daran, dass ich immer geführt werde, gehalten und versorgt bin und dass alles, was für mich gedacht ist, nicht an mir vorbeiziehen wird.
- Je bereitwilliger ich loslasse, umso höher steige ich auf.

Prinzip 8:

Schluss mit dem Kleinmachen!

Wenn du Großes
manifestieren willst,
dann musst du auf
die Pauke hauen und
deine Angst beerdigen.

All das Großartige habe ich erreicht, weil ich aus meiner Komfortzone getreten bin und auf eine Weise handeln musste, die mich zwang, meine Ängste zu durchbrechen und mich ein wenig wie eine Hochstaplerin zu fühlen. Dass ich mir so vorkam, hat mich lange Zeit gelähmt – ich vermied es, Dinge zu tun, die ich tun wollte, weil ich mich unzulänglich fühlte. Doch als ich von dem großartigen Gefühl erfuhr, das uns auf der anderen Seite unserer Komfortzone erwartet, da wurde mir klar, dass es eigentlich ein Geschenk ist, sich wie eine Hochstaplerin vorzukommen. Wenn du dieses Empfinden nie hast, dann bedeutet es, dass du niemals auch nur die Oberfläche dessen ankratzt, was du aus deinem Leben herausholen könntest. Versuchst du nicht, deine Grenzen auf die eine oder andere Weise zu überschreiten, und fragst du dich nie, wer um alles in der Welt du denn eigentlich bist und ob du nicht doch vielleicht das Zeug hast, dein Ziel zu erreichen, dann machst du dich klein – und führst ein kleines Leben.

Angst alleine ist mächtig genug, um dich davon abzuhalten, alles zu erkämpfen, was du erlangen willst. Es ist wirklich einfach: Ein in der Angst begründetes Leben sorgt dafür, dass du von deiner Kraft abgeschnitten bleibst. Vielleicht fühlt sich das bequem an und frei von Risiken, Spott und Zurückweisung, aber, lass uns ehrlich sein, ist das nicht doch auf unbehagliche Weise bequem? Wenn sich innerhalb unserer Komfortzone nichts wirklich großartig, lohnenswert oder aufregend anfühlt?

Leben wir in Angst, machen wir uns ständig Sorgen und sind negativ gestimmt. Ich beziehe mich hier nicht auf gesunde Ängste wie jene, die wir brauchen, damit wir gefährliche Situationen erkennen und uns wie unsere Liebsten angemessen beschützen können. Ich meine diese irrationalen, unvernünftigen Ängste, die sich häufig auf das »Was wäre wenn« richten und auf alles, was schiefgehen könnte.

Diese Ängste haben ihre Wurzeln in unserer Vorstellung und Fantasie, weshalb Psycholog*innen sie gerne als »fantasierte Erfahrungen, die real erscheinen« bezeichnen – sie basieren auf jenem, von dem wir meinen, dass es sich ereignen *könnte*, nicht auf diesem, was tatsächlich geschehen wird.

WIE ANGST DEINE MANIFESTATIONSKRAFT BLOCKIERT

Angst spielt eine gewaltige Rolle bei all den unerfüllten Träumen da draußen in der Welt und gehört zu den größten Hindernissen unseres Manifestierens. Sie stellt nicht nur eine der niederfrequenten Emotionen dar – und wir wissen ja, dass diese ein niederfrequentes Leben anziehen –, sie ist auch eine absolute Illusion, die wir *selbst hervorgebracht* haben. Wir sind so sehr auf alles konzentriert, was schiefgehen könnte, dass wir genau das manifestieren.

Angst hinterlässt tiefe Spuren in unserem Verhalten und Handeln. Sie kann uns derartig überwältigen und blockieren, dass sie uns zu völliger Untätigkeit verdammt, uns unterdrückt und einengt und uns veranlasst, genau dort zu bleiben, wo wir sind. Wenn wir uns vor lauter Angst nicht bewegen und nicht handeln können, dann bekommen wir keine Ergebnisse und unser Leben bleibt so, wie es ist, während unser Handeln Resultate liefert. Wo kein Handeln ist, da kann es keine Ergebnisse geben.

Manchmal hingegen veranlasst uns unsere Angst, panisch und falsch zu reagieren, und es kann zur Katastrophe kommen, wenn wir keine angemessenen Gegenmaßnahmen ergreifen. Beispielsweise könnte es sein, dass wir eine so tief sitzende Angst davor haben, unsere Rechnungen nicht bezahlen zu können, dass wir Arbeit, für die uns die Zeit, Energie oder Kapazität fehlt oder die uns nicht entspricht, nur deshalb annehmen, weil wir *verzweifelt dringend* auf dieses zusätzliche Einkommen angewiesen sind. Solches angstbasiertes Handeln wurzelt im Mangel und nicht in den umfassenden Gedanken und Gefühlen der freudigen Erwartung und guten Möglichkeiten, die uns beim Manifestieren unterstützen.

Die gute Nachricht? Unsere Gedanken und die Bilder, die wir vor unserem inneren Auge sehen, sind die Quelle der Ängste, deren Manifestierung wir zulassen – und wer hat die Kontrolle über unsere Gedanken? Wir selbst natürlich! Wir besitzen die Kraft, unsere Ausgangsposition zu verändern, indem wir Gedanken wählen, die voller Liebe statt voller Angst sind.

Aber was wäre, wenn wir unsere Ängste ein wenig mehr wertschätzten? Was, wenn wir mitten in unseren Ängsten die Wahrheit über die Richtung, die wir einschlagen wollen, erkennen würden und das, wovon wir immer schon geträumt haben? Was wäre, wenn wir uns von unseren Ängsten anregen ließen, weil in ihnen verborgen unsere wahrhaftigsten Wünsche versteckt sind? Was, wenn wir unser Denken umdrehten und wir, statt uns von unseren Ängsten lähmen zu lassen, sie in unseren Antrieb verwandelten ...?

WOVOR HAST DU EIGENTLICH ANGST?

Wie oft schon hat sich dir deine Angst in den Weg gestellt? Wie viele Male hat sie dich daran gehindert, deine Bewerbung für diesen Traumjob abzugeben oder jemandem von deinen Gefühlen zu erzählen? Oder auch nur deine Wahrheit auszudrücken? Und wovor hast du eigentlich Angst? Vor Bewertungen? Vor dem Versagen? Davor, für andere zu viel, nicht gut genug zu sein? Davor, dass ein anderer es möglicherweise besser macht, dass du dich lächerlich machen könntest oder dass deine Gefühle vielleicht nicht erwidert werden? Was davon trifft auf dich zu? Oder treffen alle diese Szenarien auf dich zu? Sei ehrlich zu dir selbst. Wie oft überlässt du deiner Angst die Führung? Und wohin hat dich das bisher tatsächlich gebracht?

Hier habe ich eine Theorie für dich. Ist die Angst davor, nicht gut genug zu sein, und die Angst, für andere zu viel zu sein, nicht eigentlich ein und dasselbe? Geht es in Wahrheit nicht darum, dass du Angst hast, du selbst zu sein? Diese Person, die du noch gar nicht richtig kennenlernen konntest, weil du den Großteil deines Lebens damit verbracht hast, der Mensch zu sein, den alle anderen in dir sehen? Oder weil du dich bisher so verhalten hast, wie du dich vom Leben gezwungen gefühlt hast? Versetzt dich die Vorstellung, deine rohe, authentische Version zu sein, wirklich in Schockstarre? Geht es hier um die Angst vor deinem mächtigsten Selbst, das sich jetzt erhebt?

Und was deine Angst vor Versagen, Ablehnung und Hohn betrifft, was wäre, wenn es Scheitern in Wirklichkeit gar nicht gibt? Oder wenn andere nur deshalb über dich reden, weil sie zu sehr auf ihre eigenen Unsicherheiten fixiert sind? Was wäre, wenn alle deine Gründe nur Ausflüchte darstellen, die dich davor bewahren, deinem mächtigen Selbst zu begegnen?

Wenn ich zurückdenke an alles, was ich nicht getan habe, nur, weil ich meiner Angst die Regie überließ, dann erkenne ich, dass ich meine Fähigkeit, meine Ziele zu erreichen, nie wirklich bezweifelt habe. Nein, ich wusste immer, dass ich das Zeug dazu hatte. Tatsächlich hatte ich Angst vor meinem magischen und mächtigen Selbst; mein Selbstwertgefühl war noch nicht stark genug, um zu verstehen, wie ich dieser erfolgreiche Mensch sein oder wie ich sicher sein könnte, dass ich Erfolg verdiene. Ich ließ mich in der Überzeugung verharren, dass es meine Angst vor dem Urteil anderer war, damit ich sie dafür verantwortlich machen konnte, wenn ich gar nicht erst anfing.

Ich glaube wirklich daran, dass die meisten von uns Angst vor der Erkenntnis haben, wie tief reichend unsere Liebe oder wie mächtig unsere Wut ist. Davor, wie erfolgreich wir sein können und wie viel wir zu geben haben. Ich bin überzeugt, dass wir Angst vor unserer eigenen Macht haben, weil wir denken, damit andere und uns selbst zu erschrecken. Warum? Weil man uns unser ganzes Leben lang gesagt hat, unser Licht herunterzudrehen.

Doch was verpasst du nicht alles, wenn du dich in deiner Komfortzone sicher fühlst und deinen Ängsten die Oberhand lässt?

- Wie wäre das Leben für dich, wenn du sicher sein könntest, dass niemand dich verurteilte?
- Wie würde sich dein Leben anfühlen, wenn du genau das tätest, was du liebst?
- Welchen Tätigkeiten würdest du nachgehen, wenn Geld kein Thema wäre?
- Wie würdest du dich fühlen, wenn du dir keine Sorgen darüber machen müsstest, was irgendjemand von dir hält?
- Was würdest du tun, wenn du wirklich an deine Superkräfte glaubtest?

Wenn deine Angst gewinnt, dann hältst du dich klein. Dich selbst kleinzumachen bedeutet, im Mangel zu verharren, und du weißt ja, dass wir aus dem Mangel heraus nichts manifestieren können. Wenn du an die Dinge denkst, um die du dein Leben bereichern willst, dann überprüfe, ob hinter deinen Wünschen eine angstbasierte Energie steht.

Wie also können wir unsere Ängste überwinden?

ES GIBT KEIN SCHEITERN

Tatsächlich glaube ich wirklich nicht daran, dass wir versagen. Zu diesem Schluss kommt man, wenn man tiefer darüber nachdenkt. Wie lautet deine Definition von Scheitern? Woher hast du sie? Von deinen Eltern? Deinen Freund*innen? Aus dem Fernsehen? Oder kommt sie von dir selbst? Meiner Meinung nach existiert Scheitern nur dann, wenn du selbst daran glaubst. Wir selbst legen die Messlatte fest und ziehen die Trennlinie zwischen Versagen und Erfolg. Wie wäre es also, wenn du einfach deinen Maßstab veränderst?

Stell dir vor, du möchtest ein Unternehmen gründen, aber du fürchtest, damit zu scheitern, weil du vielleicht nicht genug Kund*innen findest, die deine erste Kollektion kaufen. Du legst fest: Weniger als zehn Verkäufe sind für dich ein Misserfolg. Deine Freundin macht es wie du, aber für sie bedeuten erst fünf Verkäufe ein Scheitern. Sie verkauft acht Artikel, ist überglücklich und feiert ihren Erfolg. Du verkaufst acht und bist enttäuscht, weil du unter deiner Benchmark geblieben bist. Wer wird es weiterbringen, du oder deine Freundin? Wer hat Erfolg oder Scheitern richtig definiert? Keiner. Tatsächlich hast du ein Problem geschaffen und sie nicht.

Scheitern ist das, was du als Scheitern definierst. Scheitern ist, wenn du nichts tust und gar nicht erst anfängst.

Für mich ist nichts tun das eigentliche Versagen. Ich bin in meiner Unternehmertätigkeit zahllose Male vermeintlich gescheitert und weißt du, was? Jedes einzelne Scheitern war vollkommen logisch und musste geschehen, damit ich dahin kommen konnte, wo ich heute bin. Nichts ist Versagen, wenn du alles als Lektion begreifst.

WENN JEMAND ÜBER DICH URTEILT, DANN IST DAS SEIN PROBLEM

Die größte Angst der meisten Frauen, mit denen ich zusammenarbeite, ist, was andere über sie sagen oder denken. Wir haben diese überwältigende Angst, dass unsere »Freund*innen«, die Verwandtschaft, Kolleg*innen und unsere Nachbarschaft uns auslachen, verurteilen und beschämen könnten, weil wir hell leuchten. Weil wir uns, anders als sie, unserer Kraft bedienen und genug Selbstvertrauen haben, um unsere Träume wahr zu machen.

Achtung, hier steht: »anders als sie«. Glaub mir, was wir bei anderen verurteilen, das weist oft auf unsere eigenen ungeheilten Verletzungen. Personen, die sich darüber auslassen, was du tust oder nicht tust, sind meistens deshalb auf sich selbst wütend, weil sie irgendetwas nicht erreichen. Außerdem basiert ein Großteil unserer Ängste vor den Kommentaren anderer sowieso nur auf unseren eigenen Illusionen. Die meisten sind so sehr mit ihren eigenen Angelegenheiten beschäftigt, dass sie keine Zeit haben, sich um deine zu kümmern. Du wirst niemals von jemandem kritisiert werden, der mehr als du leistet, nur von denen, die weniger leisten.

Für wen meinst du überhaupt, genug sein zu müssen? Warum spielt es eine Rolle, was sie sagen *könnten?* Der einzige Mensch, für den du gut genug sein musst, bist du selbst. Anerkennung brauchst du nur von einer Person: von dir selbst.

WAS IST DAS SCHLIMMSTE, DAS GESCHEHEN KÖNNTE?

Welche tiefsten Ängste du auch hast, was könnte als Schlimmstes geschehen, wenn du sie überwindest? Wenn du einem Menschen sagst, dass du ihn magst, und er empfindet nicht wie du, was hast du zu verlieren? Und was wäre, wenn du es diesem Menschen nicht gesagt hättest, er deine Gefühle erwidert, aber zu schüchtern ist, um es dir sagen? Dann entgeht euch beiden eine große Chance. Wir meinen, so viel verlieren zu können, wenn wir uns aus dem Fenster lehnen, stattdessen geben wir aber viel mehr auf, wenn wir auf unseren freien Blick verzichten. Indem wir in unserer Komfortzone verharren, ziehen wir nur immer wieder das gleiche alte niederfrequente Zeug an.

Als ich den Gedanken in mir trug, meinen Vollzeitjob für meine Geschäftsidee aufzugeben, da holte ich mir die Kraft für die nötigen Veränderungen aus der Antwort auf die Frage: Was kann im schlimmsten Fall passieren? Unter den widrigsten Umständen könnte ich meine Miete nicht mehr bezahlen, und ich müsste deshalb für eine Zeit lang wieder zu meiner Mutter ziehen, damit sie für mich kochen und meine Wäsche für mich waschen würde, während ich nach einem neuen Job suchte – also gar nicht so schlimm. Ich weiß schon, jeder hat sein eigenes persönliches Katastrophenszenario, aber ist es wirklich immer so schlimm?

ARRANGIERE DICH MIT UNANNEHMLICHKEITEN

Öfter etwas außerhalb deiner Komfortzone zu tun, wie unbedeutend es auch sein mag, wird zu Größerem führen. Vergiss nicht, dein Geist ist so programmiert, dass er sich vor allem mit dem Vertrauten wohlfühlt. Folglich solltest du dir Verhaltensweisen außerhalb dieser sicheren Norm zur Gewohnheit machen. Fang an mit kleinen Babyschrittchen. Wähle einen anderen Weg zur Arbeit, lies ein Buch zu einem völlig unbekannten Thema, sag öfter, was du wirklich denkst. Kleine Veränderungen fügen sich zu einem Gesamtbild und lassen den großen Sprung weniger furchterregend erscheinen.

Ich fordere dich auf, jeden Tag eine kleine Sache zu tun, die dir auf irgendeine Weise Angst macht. Du wirst feststellen, dass du dir nach einem Jahr nicht mehr erklären kannst, warum dich gerade diese Dinge so sehr gelähmt haben.

Wenn du es zulässt, dass Angst dich ausbremst, dann wirst du niemals ein erfülltes Leben führen – ein Leben, in dem du alle diese Dinge erreichst, von denen du jetzt träumst. Willst du weiter zusehen, wie andere das tun, was du dir für dich wünschst, wie sie ein Leben führen, von dem du träumst, die Dinge besitzen, die du gerne hättest? *Oder willst du es doch wagen und dich auf den Weg machen?* Sich selbst kleinzumachen und zu halten, dient niemandem, am wenigsten dir selbst.

BETRACHTE DEINE ÄNGSTE AUS EINER NEUEN PERSPEKTIVE

Beschäftige dich mit den nachfolgenden Fragen:

- Welche Ängste hast du?
- Auf welche Weise dienen sie dir?
- Wovon haben sie dich bisher abgehalten?
- Was würdest du tun, wenn deine Ängste nicht existierten?
- In welche positive Aussage kannst du sie umdeuten, wenn du sie aus einer neuen Perspektive betrachtest?
- Was ist das Schlimmste, das geschehen könnte?

Prinzip 9:
Platz schaffen für die guten Dinge

In der Stille und
im Schweigen
verbinden wir uns
mit unserer Kraft.

Es mag widersprüchlich klingen, zu sagen, dass du auf die Bremse treten musst, um dein Manifestieren zu beschleunigen, aber glaub es oder nicht, wir bekommen nicht das, was wir wollen, indem wir uns immer mehr beeilen, und schon gar nicht, wenn kein Raum dafür da ist. Indem wir das Tempo drosseln, ereignen sich eine Reihe von Dingen, die unsere Manifestationskraft unterstützen:

- Wir hören die lenkende Stimme unserer Intuition und können erfolgreich die Verbindung zu unserer Kraft herstellen.
- Wir schaffen Raum, auf dem unsere Wünsche Platz zum Landen haben.
- Wir verströmen eine entspannte Energie, die unser Vertrauen darauf zum Ausdruck bringt, dass sich die Erfüllung unserer Wünsche in Vorbereitung befindet.
- Wir schaffen Raum für Kreativität und Veränderung.

Eine langsamere Gangart einzulegen schafft Raum für die schnellere Schwingung. Bevor ich mich entschleunigte, steckte ich in den niederfrequenten Gefühlen der Angst, Unruhe und Sorgen fest. Mir kam es vor, als müsste ich mich ständig abhetzen, damit ich alles schaffte. Eile ist ein Hinweis auf Angst und Zweifel – Gleiches gilt für zwanghaftes Beschäftigtsein. Wenn du dich beeilst, dann sagst du dem Universum, dass du es ihm nicht zutraust, dir deine Wünsche zu erfüllen, und dass du nicht daran glaubst, dass etwas von alleine vorangeht, nur dann, wenn du dich rasch selbst darum kümmerst.

Wir haben diese tief verwurzelte Erfahrung, dass wir nur dann mehr bekommen, wenn wir mehr tun. Doch nichts könnte weiter von der Wahrheit entfernt sein. Durch Zurückschalten, Zeitinvestieren und Raumschaffen wurde mein Leben in vielfacher Hinsicht mit Großartigkeit, Erfolg, Freude und Glück erfüllt. Indem wir unser Leben übertrieben intensiv leben, lassen wir keinen Raum für die Saat, die wir ausgeworfen haben oder die das Universum für uns aussäen soll.

Ein langsameres Tempo bedeutet, eine Energie auszustrahlen, dass du dich versorgt und ganz und gar in treuen Händen fühlst. Auf diese Weise kannst du in Übereinstimmung mit deinen aufrichtigen Wünschen und Werten aktiv werden, nicht, weil du gezwungen bist oder weil du Angst hast vor dem, was schiefgehen könnte. So hast du den notwendigen Spielraum, um auf deine Intuition zu hören.

DIE KUNST DES EMPFANGENS MEISTERN

Wenn wir entschleunigen, dann machen wir Platz, damit der Weizen wachsen, das Flugzeug landen, die Blume blühen, das Licht scheinen kann. Zwar ist es wichtig, sich Klarheit über die eigenen Wünsche zu verschaffen – das zugehörige Gefühl zu verinnerlichen, die Erfüllung zu visualisieren und zu erbitten –, doch wenn kein Raum vorhanden ist, auf dem sich der Wunsch erfüllen kann, dann wird er weiterhin unerreichbar über deinem Kopf kreisen. Also wenn du dich nach einer Beziehung in deinem Leben sehnst, aber nicht einmal Zeit hast, ein Glas Wasser zu trinken, wie willst du dann deine Gemeinschaft mit deinem Partner pflegen? Räum deinen Kalender auf, schaff Platz in den Schränken, öffne die Blockaden rings um dein Herz, und versetze dich in einen empfänglichen Zustand, als sei die ersehnte Beziehung bereits da. Inzwischen glaubst du hoffentlich daran, dass du eine solche erfüllende Beziehung wert bist, also schaffe dir den Raum, damit du empfangen kannst.

HÖRE AUF DEINE INTUITION, UND NUTZE DEINE KREATIVITÄT

Wir leben in einer lauten Welt, in der das Wort »beschäftigt« oft wie ein Ehrenzeichen zum Einsatz kommt. Jahrelang gab es praktisch keine Ruhe in meinem Leben, und ich vermied sie unter allen Umständen, damit ich mich auf keinen Fall den Gedanken und Ängsten stellen musste, vor denen ich mich versteckte, und den kreativen Ideen, die von mir verlangt hätten, vorzutreten und etwas zu verändern. Also sorgte ich für einen gleichbleibenden Geräuschpegel, um nur ja allem zu entgehen. Sogar während der Arbeit gestattete ich es mir kaum, Luft zu holen. Alles das sollte mich nur von meinem höheren Selbst ablenken und war eine unbewusste Entscheidung, um meiner Größe zu entgehen und von meiner Kraft abgeschnitten zu bleiben.

Die ganze Zeit spürte ich diese innere Unruhe, dieses brennende Gefühl, dringend Luft holen zu müssen. Wenn mich jetzt ähnliches Unbehagen erfasst, dann schaffe ich Raum, verbinde mich mit meiner Kreativität und fühle mich fast sofort erleichtert. Es war von Anfang an nichts anderes als meine Kraft, die sich zeigen wollte.

Den Zugang zu deiner Kraft findest du in der Stille. In der Ruhe gelangst du zu deiner Intuition, Kreativität und Größe. Die Antworten, nach denen du suchst, kommen nur, wenn es lautlos ist. Jede Idee, jeder großartige Gedanke, jede Antwort, die ich je brauchte, kam zu mir aus mir selbst – in der Stille.

Deine Intuition ist eine deiner bedeutendsten Gaben. Sie ist der Teil von dir, der die Wahrheit kennt und dir sagt, wenn etwas nicht ganz in Ordnung ist und dass du es untersuchen und vielleicht die Richtung ändern musst. Deine Intuition wird dich immer zum Wachstum, zur Wahrheit und zu deinem Lebenssinn leiten. Es ist nicht so, dass manchen von uns ein ausgeprägter siebter Sinn fehlt. Wir tun vielmehr alles, um uns zu beschäftigen und seine Botschaften zu vermeiden. Deine Intuition ist eine deiner wertvollsten Ressourcen, also sei kühn und mutig genug, um das Tempo zu drosseln und auf sie zu hören. Auch dann, wenn sie dir etwas mitteilt, was du nicht wahrhaben willst.

Zu deinem Problem gibt es Lösungen, die nur du selbst beisteuern kannst. Die Antworten auf die meisten deiner Lebensfragen liegen allein bei dir. In dir findet sich alle Weisheit, die du brauchst. Ich versichere dir, in dir gibt es einen Bereich, der genau weiß, was du tun musst, wie dein nächster Schritt aussehen sollte und welche Entscheidungen jetzt zu treffen sind. Du schaffst nur einfach nicht den Freiraum, in dem du zuhören kannst. Es gelingt uns nicht, Verbindung mit dem intuitiven Teil unseres Selbst und mit unserer Kraft aufzunehmen, wenn wir jede Stille vermeiden.

DEINE AUSRICHTUNG FINDEN

In diesem Buch bist du schon mehrmals dem Begriff »Ausrichtung« begegnet. Zum Ausdruck bringen will ich damit, dass etwas abgestimmt und funktionsfähig ist. Indem wir unsere Ausrichtung finden, können wir unsere Schwingungsebene anheben und uns folglich mit unserer Kraft verbinden. Deine Ausrichtung zu finden, ist die entscheidende Voraussetzung, damit du erfolgreich manifestieren kannst.

Um mir mein Potenzial und meine Kraft zunutze machen zu können, war es entscheidend für mich, dass ich herausfand, welche Aktivitäten mir zu Ausrichtung, Ruhe, Frieden und Bewusstheit verhelfen.

Ich brauchte eine ganze Weile, bis ich erkannte, dass bei mir Spaziergänge in der Natur, Tagebuchschreiben, Meditation und gefühlvolle Musik das wirkungsvollste Mittel sind, um mich auszurichten.

Gibt es bei dir bestimmte Zeiten oder Tätigkeiten, die dich am besten mit dir und deiner Kraft verbinden, die dir inneren Frieden verschaffen?

WAS RICHTET DICH AUF DEINE KRAFT AUS?

- Wann bist du vollkommen entspannt, im Frieden und eins mit dir?
- Welche Aktivitäten sorgen dafür, dass du ruhig und fröhlich bist?
- Was kannst du ewig tun, ohne dass es sich wie eine lästige Pflicht anfühlt?
- Was fällt dir besonders leicht und gibt dir ein Gefühl von Freiheit?
- Unter welchen Umständen fühlst du dich ruhig und mit dir verbunden?
- Gibt es irgendeine Aktivität, die du mal ausgeführt hast, die für Klarheit und Ausrichtung oder gute Ideen und Einfälle gesorgt haben?

Sobald wir begreifen, was unsere Ausrichtung für uns bedeutet, und dieses Verständnis mit der Klarheit abgleichen, mit der wir sehen, was wir schaffen und in unser Leben holen wollen, können wir ausgerichtet in Aktion treten. Diese Art Handeln, die die Erfüllung unserer Wünsche zum Ziel hat, ist frei von Angst oder dem Bedürfnis, das Ergebnis zu manipulieren. Sobald wir geübt darin sind, uns auszurichten, und uns angeschlossen fühlen, gelingt es uns, in jedem Bereich unseres Lebens in dem Wissen aktiv zu werden, dass unser Tun auf Führung und Leidenschaft fußt, statt auf Plackerei und Zwang. Du spürst es deutlich, sobald du gut ausgerichtet bist, denn dann hast du Freude am Prozess und alles fühlt sich leicht und fließend an. Haben wir gelernt, inspiriert und ausgerichtet in Aktion zu treten, dann können unsere größten Manifestierungen stattfinden.

Ich erkläre dir, wie du mehr Ruhe in dein Leben bringen kannst, damit du leichter Anbindung und Ausrichtung auf deine Kraft findest.

BESTIMME DAS TEMPO MIT EINEM LANGSAMEREN HOCHFREQUENTEN START

Mit der Art, wie du deinen Tag beginnst, legst du den Schwingungsmodus für die kommenden Stunden fest. Indem du für dich eine Morgenroutine mit hochfrequenten Aktivitäten entwickelst, verlässt du das Haus aufgeladen mit einer Energie, die alles anzieht. Schaffst du es, morgens, statt als Erstes dein Smartphone zu checken, eine Liste mit den Dingen zu schreiben, für die du dankbar bist, und deine täglichen Mantras laut zu sprechen? Kannst du hochfrequente Musik abspielen, statt die niederfrequenten Nachrichten anzuhören? Schaffst du es, dir ausreichend Zeit zu nehmen, um erst deinen Tag zu organisieren, deine Wohnung und deine Welt in Ordnung zu bringen, bevor du aus der Tür gehst? Manchmal ist es schon ein Segen, wenn man sich morgens genug Muße gönnt, um im Schlafanzug einen Kaffee zu trinken und in Ruhe sein Müsli zu essen.

Hier folgen ein paar hochfrequente Vorschläge für deine Morgenroutine:

- Höre dir deine Lieblingsmusik an.
- Lies ein Buch, das in dir gute Gefühle auslöst, oder höre es dir als Hörbuch an.
- Tanze oder praktiziere Yoga.
- Sprich deine täglichen Mantras oder Affirmationen.
- Schreib in dein Dankbarkeitsjournal.
- Sei präsenter bei deinen Herzensmenschen.
- Spiele mit deinen Haustieren.
- Organisiere dein Wohnung, deine Dinge, deinen Tag.

MEDITATION IST DEIN BESTER VERBINDER

Ich kann gar nicht genug betonen, wie wichtig Meditation für mein Wachstum war. Jahrelang wollte ich nichts von Meditation wissen. Das Stillsitzen, das Schweigen – das alles empfand ich als Zeitverschwendung. Allein die Vorstellung, ich sollte meditieren, versetzte mich in Stress, und ich versteckte mich hinter der Ausrede, ich wisse nicht, wie man das macht. Aber hier ist, was ich inzwischen über das Meditieren gelernt habe: Es geht eben darum, nichts zu machen. Meditation hilft dir, Raum und Ruhe zu schaffen. Es geht darum, dich mit deinem Atem zu verbinden, ruhig zu sein, deine Gedanken, Probleme und Sorgen an dir vorbeiziehen zu lassen und in der Stille zu baden. Nur fünf Minuten täglich können dein Leben verändern.

Wie bei allem gibt es auch bei der Meditation vielfältige Möglichkeiten – angefangen bei der Visualisierung, über die Gehmeditation und hin zu zahlreichen anderen Schulen. Am wichtigsten ist es für dich herauszufinden, was für dich am besten funktioniert. Ich selbst mag geführte Meditation oder Meditation mit Musik, während es einigen meiner Freund*innen hilft, in ihrer Meditation Mantras zu rezitieren. Tatsächlich geht es also für dich erst einmal darum herauszufinden, womit du dich am wohlsten fühlst.

Manchmal kommt mir beim Meditieren eine großartige Idee oder ich erkenne Zusammenhänge mit besonderer Klarheit. Manchmal visualisiere ich mein Leben so, wie ich weiß, dass es sein kann, während ich andere Male nur von Frieden und Stille erfüllt bin. Immer wieder kommt es vor, dass ich dasitze und meine Gedanken nicht abschalten kann und keinen Zugang finde. Das ist nicht schlimm. Ich versuche es dann später noch einmal oder am nächsten Tag. Manchmal meditiere ich nur fünf Minuten lang, dann wieder eine halbe Stunde. Auch das ist okay. Tatsächlich gibt es beim Meditieren kein Falsch oder Richtig.

Die Meditation ist ein äußerst wirkungsvolles Tool des Manifestierens. Beim Meditieren kannst du, wenn es dir richtig erscheint, dir vorstellen, auf welche Weise du dem Leben deiner Träume eine konkrete Form gibst, und spüren, wie sich das für dich anfühlt. Wenn du es deiner Energie gestattest, sich auszudehnen, in einer hohen Frequenz zu schwingen und ungehindert zu fließen, wirst du empfänglich für alles Hochfrequente.

GÖNN DIR DIE GUTEN DINGE DES LEBENS

Natur, gute Bücher, Podcasts, Musik – einige der schönen Dinge des Lebens können dir helfen, dich mit dem Stillen und Ruhigen zu verbinden und dein Innerstes zu pflegen. Dir mehr Zeit für diese Erfahrungen zu nehmen, wird dir helfen, dein Leben in ruhigere

Bahnen zu lenken. Wenn du diese Ruhe verinnerlichst, offenbaren dir das reduzierte Tempo und die Stille die große Weisheit, die in dir wohnt. Die Bedeutung von Stille ist unvergleichlich.

Prinzip 10:
Suche Sinn

Beginne jetzt damit, andere an deinen Talenten teilhaben zu lassen. Helfen ist der neue Erfolg.

Vielleicht hast du bemerkt (und bist möglicherweise enttäuscht darüber), dass ich wenig über das Manifestieren von materiellen Besitztümern wie Uhren oder Klamotten und von Geld schreibe. Mir geht es mehr um Energie, deine Werte, Emotionen, Gedanken und Verhaltensweisen. Es stimmt zwar, mit den zehn Prinzipien kann man auch diese materiellen Dinge anziehen, aber du weißt ja, was besser ist, oder? Besser ist es, mehr Erfüllung und Freude, mehr Frieden und Fülle, Liebe und Sinn in deinem Leben zu manifestieren.

Ein Großteil unserer Suche nach Anerkennung durch andere, nach coolen Sachen und nach Erfolg lässt sich zurückführen auf unsere Suche nach Glück, oder? Wir haben diese Vorstellung, dass uns Besitz und Erfolge bei unserem Streben nach Erfüllung voranbringen. Aber meiner Meinung nach ist unser Verständnis von Glück vollkommen falsch. Ich habe Jahre und viel Geld in meine Jagd nach diesem Hochgefühl investiert. Lange Zeit hatten Glück und Erfolg für mich die Form von fantastischen Urlauben, schicken Klamotten, eines Jobs, den alle bewundern, Geld auf der Bank und vielen Likes auf Instagram. Doch nichts davon hat mich wirklich zufrieden gemacht. Ich hatte immer sofort den nächsten noch unerfüllten Wunsch beim Wickel, ohne zu merken, dass ich meine Erfüllung am falschen Ort suchte. Ich externalisierte und projizierte mein Glück und meinen Lebenssinn nach außen auf Gegenstände und Menschen, statt zu erkennen, dass beides nur im Inneren zu finden ist.

Die Wahrheit lautet, dass das Glück in unserem Leben bereits vorhanden ist, doch wir belasten unseren Zugang zu ihm mit selbstauferlegten Einschränkungen. Als ich anfing, es statt in Dingen mehr in Erleben, Hilfsbereitschaft und Sinn zu suchen, da wurde mir klar, dass Erfüllung ein Nebenprodukt ist. Und das Glück, das ich auf diesem Weg fand, fühlte sich außerdem anders an – tiefer, erfüllender, von der Sorte »Ich will tanzen und es mit der ganzen Welt teilen«. Ich hatte dieses tiefere Gefühl die ganze Zeit gesucht. Einfach nur an den vollkommen falschen Stellen.

Ich bin wirklich davon überzeugt, dass ich die Formel für dieses Glück, nach dem wir alle suchen, gefunden habe. Die Art Euphorie, die keinen Input von außen und keine ungesunde Abhängigkeit erfordert, die so tief greift, dass du nicht sofort nach der nächsten Wunscherfüllung und der nächsten Bedürfnisbefriedigung auf die Jagd gehen musst, weil die vorherige bereits ihre Wirkung verloren hat. Und wie lautet diese Formel, willst du wissen? Sie ist sehr einfach und besteht aus zwei Teilen:

- Mehr Helfen.
- Mehr Sinn.

DAS GESCHENK DES GEBENS

Im Rückblick weiß ich, dass ich es schon immer geliebt habe, anderen Menschen etwas zu geben. Etwas im Gesicht eines Menschen, dem man einen Dienst erwiesen oder dem man seine Wertschätzung mitgeteilt hat, erfüllte mich mit einem besonders guten Gefühl. Allerdings wirkte meine Freude am Teilen, als mein Selbstwertgefühl noch im Keller war, mehr wie ein Ausdruck von Gefallsucht. Zu geben war damals nicht ganz so wohltuend, wie ich es heute empfinde. Mein Wunsch, andere glücklich zu machen, ging zu jener Zeit oft auf Kosten meines eigenen Glücks und wurde von manchen Menschen ausgenutzt. Er wurde genährt von meinem verzweifelten Bedürfnis, von allen anderen gemocht und geschätzt zu werden, und sollte die Tatsache verdecken, dass ich für mich selbst nicht gut genug war.

Echtes Helfen wirkt anders als der Wunsch, es allen recht zu machen. Er fühlt sich anders an und hat auch einen anderen Ursprung. Echte Hilfsbereitschaft heißt, von ganzem Herzen zu fragen, wie man den Augenblick, den Tag, das Leben für diese Person jetzt besser machen kann. Er bedeutet, Ja zu sagen und Unterstützung anzubieten, wenn man voller Energie ist und sich zuerst um sich selbst gekümmert hat. Hilfsbereitschaft heißt zu wissen, dass diejenigen am Empfängerende dankbar sein werden, egal, wie wenig du anbieten kannst. Bei deinem Wunsch, zu helfen und zu geben, geht es nicht darum, dafür geliebt zu werden, sondern darum, etwas zu bewirken.

Anderen Menschen zu helfen, ist mit das Erfüllendste und Lohnenswerteste, was du tun kannst, und befördert dich außerdem auch noch auf die für das Manifestieren beste Energiestufe. Je mehr du gibst, umso mehr empfängst du. Hilfsbereitschaft stuft uns hoch auf das höchste energetische Niveau. Es befindet sich ganz oben in der Liste der hochfrequenten Lebensweisen.

Die Freude, die Hilfsbereitschaft bewirken kann, lernte ich kennen, als ich Mitte zwanzig war. Ich arbeitete als Personal Trainerin mit einer wunderbaren Frau, die ursprünglich aus Australien stammte. Zu einem unserer Termine erschien sie mit einem Umschlag, auf dem »The Joy Bank« (Die Freudebank) stand. Ihre Mutter in Australien hatte ihr Geld geschickt und verlangt, sie dürfe es nur für etwas ausgeben, was ihr wirklich Freude brachte. Doch leider war bei ihr gerade Krebs diagnostiziert worden, und meine Klientin wollte daher nach Australien zurückkehren, um noch etwas Zeit mit ihrer Mutter zu verbringen. Sie händigte mir den Umschlag aus mit den Worten: »Bitte schön, die Arbeit mit dir hat mir so viel Freude bereitet. Ich möchte, dass du das Geld bekommst.« Ich hatte einen Kloß im Hals, und sie fuhr fort: »Aber die Sache hat natürlich einen

Haken. Auch du darfst das Geld nur für etwas ausgeben, was dich wirklich glücklich macht.« In meiner ersten Reaktion dachte ich: Super, ich ziehe los und kaufe mir ein paar schicke Klamotten. Doch dann wurde mir klar, wie oberflächlich ich reagierte. War es wirklich das, was mich glücklich machte? Ich versprach mir selbst, dass ich es investieren würde in etwas, das mir eine andere Art von Glück ermöglichte.

Monate später hatte ich das Geld noch immer nicht ausgegeben. Ich suchte weiterhin nach etwas, was mich glücklich machen würde, aber fand einfach nichts, das die Geldausgabe rechtfertigte. Bald darauf meldete sich meine Kundin, und sie erzählte mir, dass ihre Mutter inzwischen gestorben war und dass sie nach London zurückkehren würde, um ihre Wohnung zu räumen und dann endgültig in Australien bei ihrer Familie zu wohnen. Sie bat mich, ob sie noch eine letzte Sitzung bei mir haben könne, denn ich sei hier ein wichtiger Teil ihres Lebens gewesen.

Am vereinbarten Tag besorgte ich Blumen und schrieb eine Kondolenzkarte, um ihr alles Gute zu wünschen. Beim Schreiben der Karte überfiel mich eine unwiderstehliche Idee für die Verwendung des Geldes. Ich nahm den Umschlag mit den Zeilen ihrer Mutter und steckte ihn zu der Kondolenzkarte – das Geld war noch vollständig vorhanden. Ihr Ausdruck an jenem Tag, die überwältigende Zuneigung, die sich auf ihrem Gesicht breitmachte, als ich ihr den kostbaren Brief ihrer Mutter und das Geld zurückgab, werde ich in meinem Leben nicht vergessen. In diesem Augenblick begriff ich, was Geben wirklich heißt, wie Erfüllung tatsächlich aussieht und wie einem anderen zu helfen sich 10 000-mal besser anfühlen kann als alles, was ich zuvor ausprobiert hatte. Die Rückgabe des Geldes empfand ich nicht als Verlust – nichts, was ich mir dafür hätte kaufen können, wäre je mit den Gefühlen in diesem Augenblick vergleichbar gewesen.

Nach diesem Vorfall wusste ich, dass ich mehr derartige Empfindungen in meinem Leben haben wollte. Heute beginne ich jeden Morgen, indem ich frage, wie ich für andere von Nutzen sein kann, und immer, wenn ich einen Workshop gebe, eine Veranstaltung ausrichte oder mit Klient*innen zusammenkomme, interessiert mich vor allem, wie ich mich nützlich machen kann. Ich finde, ein besseres Gefühl gibt es nicht. Ich sehe es an meinen Klient*innen: Wenn sie berichten, wie sie jemandem geholfen oder sich auf ihr Warum eingelassen haben, leuchten ihre Gesichter auf eine geradezu überirdische Weise auf. Indem wir teilen, sagen wir der Welt, dass genug für alle da ist, unbegrenzte Fülle und Freude stehen uns allen zur Verfügung. Wenn wir teilen, dann erfüllen wir alle Voraussetzungen, um zu manifestieren. Lassen wir uns von Sinn und Hilfsbereitschaft antreiben, setzen wir Mangel, Sorgen und Angst vollständig außer Kraft. Unser Drang zu helfen macht Angst als Option zunichte. Geben hat die höchste vorstellbare Schwingung, meine Liebe.

ENTDECKE DIE FREUDE AM HELFEN

- Wie kannst du Hilfsbereitschaft in dein Leben integrieren?
- Wo und wie findest du Wege, um für andere nützlich zu sein und sie zu unterstützen?

DU HAST EINE WICHTIGE AUFGABE

Es geht nicht darum, ein Leben mit Dingen zu führen; Ziel ist es, die eigene *Aufgabe* zu leben. Deine Aufgabe kannst du erfüllen, wenn du anderen Menschen deine Hilfsbereitschaft zeigst. Ich glaube fest daran, dass jede*r Einzelne von uns eine einzigartige Bestimmung hier auf diesem Planeten und dieser Welt etwas Besonderes zu bieten hat. Auch du hast dein ureigenstes Gaben- und Talentepaket, und das sollst du mit der Welt teilen.

Auf der bereits erwähnten Skala der nieder- bis hochfrequenten Emotionen von Dr. David Hawkins steht Bestimmung ganz oben. Sie ist einer der höchsten Emotionszustände, zu dem hinauf wir unser Leben führen können, und versetzt uns daher in die beste Position, um unsere Wünsche zu manifestieren. Die durch Angst, Traurigkeit, Unbehagen, das Gefühl, festzustecken, Verlust und Mangel verursachten Probleme werden durch Bestimmung aufgelöst. Der innere Kritiker, demzufolge unser Leben nie ganz so ist, wie es sein sollte, die durch fehlende Richtung und Motivation bewirkte Unsicherheit, beides wird durch Bestimmung aus dem Weg geräumt. Unsere Jagd nach den Dingen, die wir besitzen wollen, ist nicht das, was unser Leben ausmachen sollte. Tatsächlich geht es darum, auf unsere Bestimmung zuzugreifen.

Hast du bemerkt, dass ich nicht von Finden und Suchen, sondern von Zugreifen gesprochen habe? Deine Bestimmung ist schon da, so wie deine Gaben und Talente. All dies ist einfach nur unter deinen Glaubenssätzen, unter den Ansichten deiner Selbstsabotage-Susanne und all dem anderen Unsinn verborgen, dem wir es gestatten, sich zwischen uns und unsere Größe zu stellen. Ein Leben ohne Bestimmung ist für mich kein Leben. Ich fühle mich jeden Tag besser, wenn ich auf meine Aufgabe ausgerichtet bin. Immer, wenn ich einen schlechten Tag habe, wenn ich ins Taumeln gerate, mir Sorgen mache, gestresst bin oder traurig, kehre ich zurück zu meiner Bestimmung. Zu dem, was meiner Meinung nach meinen Aufenthalt hier veranlasst.

Deine Bestimmung ist mit großer Wahrscheinlichkeit sehr eng mit dem verbunden, was du gerne tust, und mit deinen Begabungen, aber auch mit den Erfahrungen, die du bisher gemacht hast. Doch Achtung! Deine Aufgabe muss keine große Mission sein. Du musst nicht die Welt verändern. Alles Mögliche könnte deine Berufung sein, doch normalerweise ist sie in irgendeiner Form verbunden mit einem Nutzen für andere, auch wenn dir das nicht unbedingt bewusst sein muss. Zum Beispiel könntest du wunderschöne Bilder malen, an denen andere Menschen sich erfreuen, oder deine Mitmenschen dabei unterstützen, fitter zu werden und sich mehr zu bewegen. Vielleicht verpasst du anderen einen tollen Haarschnitt oder spielst Musik, die uns die Herzen erwärmt. Deine Aufgabe könnte darin bestehen, dass du dir wirkungsvolle Marketingkampagnen für nachhaltige Marken ausdenkst. Deine Berufung muss keine große Community, viele Follower*innen oder Klient*innen anlocken; sie kann alles nur Denkbare sein – alles, das dich veranlasst, dich *lebendig und ausgerichtet* zu fühlen.

Man kann sich leicht überfordert damit fühlen, wenn man sich auf die Suche nach der eigenen Berufung begibt. In der Regel handelt es sich um etwas, was man endlos tun kann, ohne die Lust daran zu verlieren. Etwas, das einem ein Gefühl von Befreiung und einen Schub gibt, wie der erste Kaffee am Morgen, nur sehr viel besser. Wir alle haben unsere Aufgabe in dieser Welt, und keine ist kleiner als die andere; niemand steht mit seiner Berufung über der eines anderen.

Ganz egal, wie oft du auch behauptest, dass du nicht besonders begabt bist, tief in deinem Inneren weißt du, dass auch du eine Aufgabe hast. Wir alle haben etwas, was wir nicht besonders gut können, anderes, womit wir so lala zurechtkommen, und Dinge, mit denen wir gut oder sogar verdammt gut fahren. Und dann gibt es noch das, worin wir unglaublich sind. Das wollen wir. Wir wollen sicherstellen, dass wir unser Leben so gut wie irgend möglich leben, und das tun, wofür wir geboren wurden.

Ich bin überzeugt davon, dass es meine Berufung in dieser Welt ist, Frauen dabei zu helfen, ihre Grenzen zu überwinden, sie zu unterstützen, damit sie sich selbstbewusst mit ihrer Kraft verbinden und ihr Licht leuchten lassen können, und das tue ich mit dem Mittel der Kommunikation. Ich fühle mich wach und lebendig, wenn ich Inhalte kreiere, die Menschen helfen, sei es beim Schreiben, beim Aufnehmen eines Podcasts oder als Host von Veranstaltungen, Workshops oder Vorträgen. Nichts davon fühlt sich für mich wie Arbeit an.

Weißt du, was wirklich das Coolste daran ist? Du erinnerst dich doch daran, dass meine Lehrerin mich in der Kindheit ermahnt hatte, nicht so eine Show abzuziehen, obwohl das Schulmotto »Lass dein Licht leuchten« lautete? Jahrelang versteckte ich mich im Schatten, obwohl ich verzweifelt gerne ans Licht wollte. Das Konzept des Leuchtens war mein Leben lang ein wiederkehrendes Thema, und nun ist es meine Bestimmung, anderen Menschen dabei zu helfen, dass sie ihr Licht finden. Deshalb heißt mein Dienstleistungsunternehmen »GET LIT« – leuchte auf. Genau das, was früher mein größtes Hindernis zu sein schien, gibt heute meinem Leben Sinn.

FINDE DEINE BESTIMMUNG

Möglicherweise wird es eine Weile dauern und einiges Experimentieren erfordern, bis du deine Bestimmung findest. Mach dir keine Sorgen, wenn du sie nicht über Nacht findest. Und komm nicht auf den Gedanken, dass du vielleicht gar nichts zu bieten hast, was deine Aufgabe sein könnte, denn das ist eine Lüge. Wir wissen, dass wir im Fall solcher Zweifel eine neue Ausrichtung vornehmen müssen.

Es folgen einige Fragen, die dir den Einstieg erleichtern können:

- Worin bist du richtig gut, also supergut?
- Auf welchem Gebiet, das du richtig aufregend findest, würdest du gerne noch dazulernen?
- In welchen Bereichen des Lebens lassen sich Freund*innen und Angehörige immer gerne von dir helfen, beraten oder leiten?
- Was kannst du stundenlang tun, ohne dass es dir wie Arbeit vorkommt, und welche Tätigkeit sorgt dafür, dass du dich gut fühlst?
- Gibt es irgendetwas, für das du denkst, geboren worden zu sein?

Hab keine Angst, mutig zu sein. Ich weiß, dass es beängstigend sein kann, wenn man ausspricht, worin man gut ist. Doch wenn du dein Leben in der oberen Region der hochfrequenten Emotionen führst, was gleichbedeutend mit deiner Bestimmung ist, dann bist du der beste Magnet für das Manifestieren all dessen, was zu erreichen du hoffst. Es gibt keinen besseren Ausgangspunkt.

EINE BEMERKUNG ZU PRÜFUNGEN

Halte die Augen offen für Prüfungen, die das Universum dir schickt, um herauszufinden, ob du wirklich bereit bist für das, von dem du behauptest, dass du es willst.

Wenn dir langsam klar wird, was du im Leben willst, und du anfängst, die dazu erforderlichen Voraussetzungen zu erfüllen, dann wird das

Universum auf den Plan treten, um zu prüfen, wie ernst du es meinst und ob du verdienst, es zu erhalten. Ich weiß, man fühlt sich in dem Augenblick so, als sei man wieder in der Schule.

Die Geschwindigkeit, in der du deine Wünsche manifestieren und das vorgestellte Leben schaffen kannst, hängt im Wesentlichen davon ab, ob du die dir gesandten Prüfungen bestehst oder nicht. Halte die Augen offen für diese Tests, denn sie stellen sich dir häufig gerade dann in den Weg, wenn du behauptest, für etwas bereit zu sein oder endlich zu wissen, was du wirklich willst. Je näher du deinem Ziel kommst und je größer dein Selbstbewusstsein wird, umso schwerer werden die Prüfungen. Sie ähneln möglicherweise deinen Wunschvorstellungen, doch mangelt es ihnen meist an zentralen Elementen. Beispielsweise könntest du jemanden kennenlernen, der viele Eigenschaften aufweist, die du dir bei einem Partner erhoffst, doch einige, wie etwa emotionale Reife oder Kommunikationsfähigkeit, die jedoch beide für dich nicht verhandelbar sind, fehlen. Damit überprüft das Universum, ob du deine geäußerten Vorstellungen auch wirklich so ernst gemeint hast oder nicht.

Auf diesem Weg erhältst du die Gelegenheit, deinen Selbstwert zu bestätigen. Prüfungen sind deine Chance zu zeigen, ob du die Wunscherfüllung wert bist und ob du darauf vertraust, dass sie bereits in der Pipeline ist, oder ob du dich auch mit weniger zufriedengibst. Du fällst durch, wenn du dich mit dem arrangierst, was dir geboten wird, weil du fürchtest, dass etwas Besseres für dich nicht drin ist oder dass du keine weitere Gelegenheit erhältst. Du bestehst, falls du keinerlei Abstriche machst.

Wenn du mit einem Test konfrontiert bist, dann weiche nicht von der Stelle und lege Rechenschaft ab, indem du dich immer wieder prüfst. »Bringt mir dieser Mensch/dieser Job/dieser Gegenstand die

Erfüllung, nach der ich mich sehne?« »Ist diese Manifestierung wirklich das, was ich mir vorgestellt habe?« Wenn dein Bauchgefühl verneint, dann höre darauf.

Es kann beängstigend sein, die eigenen Standards anzuheben, doch die Belohnung ist viel größer als das Risiko. Wenn du nur zu den Dingen Ja sagst, die du wirklich willst, dann steigst du auf. Warte auf das einzig Wahre und gib dich nicht mit weniger zufrieden.

Letzte Worte

Lebe jeden einzelnen
verdammten Tag
in dem Wissen, wie
verflucht stark du bist.

Nun hast du meine Prinzipien für das alltägliche Manifestieren deines bestmöglichen Lebens kennengelernt. Wie du inzwischen weißt, ist Manifestieren nicht einfach eine Formel in vier Schritten à la »Sehen, Glauben, Bitten und Empfangen«. Für mich bedeutet alltägliches Manifestieren, mein Leben so zu führen, dass es dem unbedingten und ununterbrochenen Schutz und der Erhöhung meiner Energie gewidmet ist.

Solltest du diese Lebensweise für dich übernehmen, werden sich trotzdem Probleme, unglückliche Phasen und zweifellos auch Herausforderung einstellen, doch darauf, meine Liebe, wirst du vorbereitet sein. Du bist mit Tools ausgerüstet, die dir helfen, alles zu spüren, es loszulassen, neu einzuordnen und dann eine höherfrequente Lebensweise zu wählen. So kannst du dich mit deiner unermesslichen Kraft verbinden.

Sobald du diese Prinzipien in die Praxis umsetzt, wird das Universum recht schnell reagieren, um Gutes zu bewirken. Manchmal kann das geradezu lustig sein. Ich konnte miterleben, wie Menschen neue Klarheit darüber gewannen, welche Art Unternehmen sie betreiben wollten, und schon am nächsten Tag bekamen sie einen Anruf von ihrer idealen Kundschaft. Andere baten nur um ein Zeichen dafür, dass sie auf dem richtigen Weg waren, und innerhalb von Minuten erhielten sie, was sie wollten. Ich habe Freund*innen gesehen, die sich aus einer miesen Situation befreit haben und sich nur einen Augenblick später in einer neuen wiederfanden, die zu ihrem höchsten Wohl war.

Verschaff dir Klarheit darüber, was du wirklich willst, sei unbedingt ganz genau, und bitte mit klarer Intention. Sei unmissverständlich, wenn es um deine tief empfundenen Wünsche geht, und hab keine Angst, sie zu benennen. Überprüfe immer die Motivation hinter deinen Verhaltensweisen; achte genau auf deine Gedanken, und verteidige mit aller Kraft deine wunderbare Energie. Dann arbeite daran, mehr Ruhe, Raum, Sinn und Erfüllung in deinem Leben zu erschaffen – und beobachte in der Folge, wie die Früchte reifen. Verfolge die Entfaltung der Synchronizität, und lass dir nicht entgehen, wie die Welt dir zuzwinkert. Nur dann klappt es mit der Methode à la »Sehen, Glauben, Spüren, Bitten«.

Und vergiss nicht: Deine Energie ist entscheidend, also sei äußerst sorgfältig, wenn du sie in wichtige Dinge investieren willst. Halte sie mit Leidenschaft für die Menschen, Dinge und Erfahrungen zurück, die sie vor allem wachsen und noch heller leuchten lassen. Stimme dich ein auf die grenzenlose Energie, die du als Kind einmal hattest, das wusste, dass es nur seinen Zauberstab schwingen und die Augen zukneifen muss, um Träume wahr werden zu lassen. Geh zu deinem Schalter, und knipse deine Macht an. Bring deine Größe ein, und geh hin und erhalte alles, was dir zusteht.

Die in diesem Buch vorgestellten Prinzipien haben mein Leben auf eine Weise verändert, die ich nie für möglich gehalten hätte – selbst während ich sie hier aufgeschrieben habe, wurde ich von ihnen unterstützt. Und ich bete aus tiefstem Herzen dafür, dass sie bei dir genauso funktionieren. Bist du bereit, dich von der Version deiner selbst zu verabschieden, die nicht glauben will, dass so etwas möglich ist, und dann anfangen, das nächste Kapitel deines Lebens zu schreiben?

Denn schließlich bist du, meine Liebe, die Autorin und stark.

Unendlich stark.

Empfohlene Lektüre

Bücher waren schon immer wesentlich für mein persönliches Wachstum und das wird sich auch nie ändern. Hier findest du einige der Titel, die ich in meinem Buch erwähne, aber auch solche, die maßgeblich waren für die Formgebung meiner persönlichen Reise.

Ich hoffe, dass sie dir ebenfalls weiterhelfen.

Alan Cohen, *A Course in Miracles Made Easy. Mastering The Journey From Fear To Love.* (Carlsbad/Kalifornien: Hay House, 2015)

David Hawkins, *Die Ebenen des Bewusstseins. Von der Kraft, die wir ausstrahlen.* (Kirchzarten: VAK, 2014)

Eckhart Tolle, *Jetzt! Die Kraft der Gegenwart.* (Bielefeld: Kamphausen, 2000)

Esther und Jerry Hicks, *Wünschen und bekommen. Wie Sie Ihre Sehnsüchte erfüllen.* (Berlin: Ullstein-Allegria, 2008)

Gabrielle Bernstein, *Das Universum steht hinter dir. Wie wir Angst in Vertrauen verwandeln.* (München: Heyne, 2018)

Gabrielle Bernstein, *Das Universum schenkt dir alles. In 11 Schritten zu einem freien, erfüllten und verbundenen Leben.* (München: Arkana, 2020)

Gaye Hendricks, *Lebe dein Leben, bevor es andere für dich tun. Mehr wagen und über sich selbst hinauswachsen.* (München: Knaur MensSana, 2010)

Jen Cenciro, *Du bist der Hammer! Hör endlich auf, an deiner Großartigkeit zu zweifeln, und beginn ein fantastisches Leben.* (München: Ariston, 2017)

Joe Dispenza, *Werde übernatürlich. Wie gewöhnliche Menschen das Ungewöhnliche erreichen.* (Burgrain: Koha, 2017)

Louise L. Hay, *You can heal your life (Filmbuch). Leben und Botschaft der großen spirituellen Lehrerin.* (Berlin: Ullstein-Allegria, 2011)

Melissa Ambrossini, *Mastering Your Mean Girl. The No-Bs Guide to Silencing Your Inner Critic and Becoming Wildly Wealthy, Fabulously Healthy and Bursting With Love.* (New York: Tarcher/Putnam, 2016)

Rhonda Byrne, *The Secret – Das Geheimnis.* (München: Droemer, 2007)

Vex King, *Good Vibes, Good Life. Wie Selbstliebe dein größtes Potenzial entfaltet.* (Reinbek: Rowohlt, 2020)

Wayne Dyer, *Spirituelle Antworten auf alle Probleme. Die Macht von Liebe, Vergebung und Harmonie im Alltag.* (München: Goldmann-Arkana, 2003)

Dank

Für meine beiden Felsen: Mamma und Sista – ich weiß wirklich nicht, wo ich ohne euch wäre, die ihr mich beide ohne Unterlass anfeuert. Ich danke euch aus tiefstem Herzen dafür, dass ihr mir Stärke gezeigt und mich Mut gelehrt habt auf eine Weise, die ich niemals für möglich gehalten hätte und die mich jeden einzelnen Tag daran erinnert, wie fähig ich bin zu scheinen und wie sehr ich es verdiene.

Dad, ich hoffe, dass ich dich stolz machen konnte, und ich danke dir dafür, dass du bei mir warst, während ich diese Seiten schrieb; ich habe deine Führung und dein Licht die ganze Zeit gespürt.

Meiner GETLIT-Gemeinschaft, meinen Klient*innen und Kolleg*innen, kann ich gar nicht genug dafür danken, dass ihr mich mit eurem Wachstum betraut und mir geholfen habt, im Zuge meiner Mission den Frauen klarzumachen, dass es sicher *ist*, zu erstrahlen. Ich bin wahrhaftig die glücklichste Frau der Welt, weil ich zu einer so lebendigen, unterstützenden und krassen Gemeinschaft gehöre.

Mein Dank geht auch an meine besten Freunde (ihr wisst schon, wen ich meine), die durch dick und dünn an meiner Seite waren – durch all die Tränen und die Herausforderungen, denen ich persönlich entgegentreten musste. Ich bin allzeit gesegnet, weil ich derart unglaubliche Menschen in meinem Leben habe.

Ein besonderes Dankeschön richte ich an meine kleine Georgie. Ich werde nie vergessen, dass du mich während meiner Arbeit an diesem

Buch begleitet und in Augenblicken des Zweifels daran erinnert hast, dass ich habe, was es braucht, und dass ich es schaffe.

Dieses Buch schreiben zu dürfen, während die Welt gegen eine Pandemie kämpft, war ein Segen für mich, für den ich unendlich dankbar bin. In diesen für uns alle so außerordentlich schweren Zeiten erfüllte mich die Aufgabe mit Sinn und erinnerte mich daran, die Hoffnung nicht zu verlieren und mein Licht nicht unter den Scheffel zu stellen.

Ich danke meiner Agentin Valeria, die meine Vision von Anfang an unterstützte, sowie Sam und Laura und dem Team bei Ebury, die an mich glaubten und mir die Gelegenheit gaben, mein Wissen mit der Welt zu teilen und meine Traumreise als Autorin zu beginnen.

Persönlich möchte ich dem Universum für jede einzelne Schwierigkeit, Herausforderung und Lektion danken, mit der ich es auf meinem Weg zu tun bekommen habe, und dies honorieren. Jede Träne verstärkte in mir den Wunsch, mit meiner Arbeit voranzukommen.

Dieses Buch ist all jenen unglaublichen Frauen gewidmet, die ich jeden Tag dabei beobachte, wie sie hinaufsteigen zu ihrem höheren Selbst. Ihr inspiriert mich mehr, als ihr es euch vorstellen könnt. In den Momenten, in denen ich an mir zweifle oder mich selbst in Frage stelle und mich zurückziehen will, holt ihr mich wieder aus dem Schatten und helft mir, mein Licht erstrahlen zu lassen.

Ich sende euch alle meine Liebe und mein Licht,

B x

VALERIE HUSEMANN

Hör auf dich!

Entdecke deine innere Stimme –
sie kennt deinen Weg

Selbstzweifel loslassen, Herzenswünsche erfüllen, emotionale Wunden heilen, dein Traumleben kreieren – das alles ist möglich, wenn du dich tief mit deiner inneren Stimme verbindest. Valerie Husemann ist eine erfolgreiche Manifestations- und Intuitive Business-Expertin. In diesem Praxisbuch zeigt sie dir, wie du dich von limitierenden Glaubenssätzen verabschieden, Ängste loslassen und deine feminine und maskuline Energie in Balance bringen kannst. Aktiviere deine innere Kraft, um intuitiv zu leben.

Achtsame Übungen, Rituale, wertvolle Journaling-Anleitungen, Meditationen und Eindrücke aus Valerie Husemanns persönlicher Reise begleiten dich auf deinem Weg.

Mit von der Autorin selbst eingesprochenen Meditationen

KNAUR BALANCE